CODE DES FAILLITES.

PARIS, IMPRIMÉ PAR BÉTHUNE ET PLON.

Codification de la Législation française.

MINISTÈRE DE LA JUSTICE.

CODE DES FAILLITES,

PAR MESSIEURS

A. FRANQUE, AVOCAT A LA COUR ROYALE.

H. CAUVAIN, AVOCAT A LA COUR ROYALE.

PARIS.

PAULIN, ÉDITEUR,

RUE DE SEINE, 33.

AVANT-PROPOS.

ESPRIT DE LA LOI NOUVELLE.

Depuis long-temps les vices de la législation sur les faillites se faisaient sentir. Le *Code de commerce* offrait dans cette matière difficile, une rédaction peu précise, des dispositions mal coordonnées, et était ainsi la source de nombreux abus, de difficultés graves.

Aussi le législateur était-il bien souvent mis en demeure de s'occuper d'un sujet aussi important pour le commerce, pour le crédit et pour la prospérité publique.

En 1835, un projet de loi fut présenté : il a donné lieu à des travaux considérables, importants, pendant trois sessions consécutives ; enfin, il a été adopté par la chambre des pairs le 14 mai 1838.

Il faut le reconnaître : la loi nouvelle est un bienfait pour la population commerçante et industrielle. Non qu'elle pose des principes nouveaux, non qu'elle crée un système ; tel n'a pas dû être son but, tel il n'a pas été. Les systèmes nouveaux peuvent produire d'heureux résultats dans certaines matières que la législation n'a pas encore complétement explorées, où les innovations sont souvent utiles, jamais dangereuses.

Mais lorsque le législateur veut toucher à un code qui a long-temps subi les épreuves de l'application et de la pratique, lorsqu'il s'agit de porter l'examen sur des intérêts compliqués, dont des usages immémoriaux ont fixé la direction et la nature, des améliorations sont seules possibles, et encore ne doit-on les introduire qu'avec circonspection et prudence, et après avoir étudié et reconnu les vices d'une législation antérieure.

A notre époque philosophique où les idées générales ont été surtout élaborées, le langage des lois doit devenir plus synthétique et plus précis, afin d'embrasser et de circonscrire exactement tous les termes du principe, d'indiquer et de comprendre nettement les limites de l'exception.

La loi nouvelle n'a pas eu d'autre objet que celui de définir plus clairement les effets légaux de l'état de faillite, et d'arriver, avec une plus grande simplicité dans les termes, à une plus grande simplicité dans les résultats ; soit en débarrassant l'application des principes de tout ce que l'obscurité ou l'inexactitude avaient jusqu'ici enfanté d'obstacles : soit en délivrant le commerce des frais et des formalités superflus.

Ainsi, dans la réalité, la loi nouvelle se réduit à un très petit nombre d'amendements principaux apportés à la législation antérieure; et l'on aurait pu se borner à faire une loi en quelques articles si l'on n'avait préféré introduire la netteté et la précision du langage dans tout le Code des faillites, en même temps qu'on améliorait les dispositions de détail.

Les limites qui nous sont imposées ne permettent pas que nous nous livrions à un examen complet de ces divers amendements soit de détail soit d'ensemble; aussi nous bornerons-nous à rappeler ici quelques idées fondamentales de la loi, qui en feront comprendre facilement tout le système.

1° C'est surtout dans les dispositions relatives aux *effets de la faillite*, que se fait remarquer avec le plus d'avantages la netteté de la loi nouvelle.

L'ancien Code était évidemment défectueux, par

la confusion qu'il laissait régner entre les effets du jugement déclaratif de faillite, et les conséquences résultant de l'état de faillite antérieur à ce jugement.

La cause de cette confusion, qui a soulevé tant et de si graves difficultés devant les tribunaux, se trouve tout entière dans le défaut de précision des termes des articles 442 et suivants qui confondaient perpétuellement sous les noms vagues de *faillite* et d'*ouverture de la faillite*, deux époques parfaitement distinctes, savoir : celle qui commence à la cessation de paiement caractérisque de l'état de faillite ; et celle qui a pour point de départ la déclaration judiciaire de cet état.

De là, des variations, des tâtonnements fâcheux dans la jurisprudence, et de pénibles efforts pour la ramener à quelques principes clairs et certains.

A cet égard, on peut dire que la loi nouvelle l'emporte en précision non seulement sur le code ancien, mais encore sur tous les projets de loi qui l'ont précédée.

C'est ainsi que le premier projet de loi présenté par le gouvernement se servait encore des expressions *ouverture de la faillite* pour désigner l'une des conséquences du jugement déclaratif.

Ces termes qui n'ajoutent rien à la définition de la loi, et qui ramènent la confusion déjà signalée entre l'*état* et la *déclaration* de faillite, ont complétement disparu.

La loi a posé avec exactitude le double caractère de l'*état de faillite*, qui est la cessation de paiement, et de la *faillite déclarée* qui résulte du jugement.

Partant d'idées aussi simples, il a été facile de déerminer les effets de l'un et de l'autre.

La déclaration judiciaire de la faillite produit deux conséquences nécessaires : 1° le dessaisissement de plein droit par le failli de l'administration de tous ses biens, tant de ceux engagés dans son commerce que de ses autres propriétés; 2° la translation de cette administration entre les mains de mandataires légaux, qui peuvent seuls désormais non seulement gérer les biens, mais encore suivre et intenter toutes actions mobilières et immobilières, ou toutes voies d'exécution sur les meubles et les immeubles. (*443*).

A côté de ces deux conséquences principales, viennent s'en placer d'autres accessoires, comme de rendre exigibles les dettes passives non échues; d'arrêter le cours des intérêts, etc., etc., d'empêcher l'inscription des créances hypothécaires et privilégiées, etc. (*444*, *445*, *447*), de suspendre les voies d'exécution pour paiement des loyers. (*450*).

L'état de faillite non encore déclaré, mais caractérisé par la cessation de paiements, annule : — tous actes translatifs de propriétés mobilières et immobilières à titre gratuit; tous paiements soit en espèces, soit par transports, ventes, compensation ou autrement pour dettes non échues; et pour dettes échues, tous paiements faits autrement qu'en espèces ou effets de commerce; toute hypothèque conventionnelle ou judiciaire, et tous droits d'antichrèse ou de nantissement constitués sur les biens du débiteur pour dettes antérieurement contractées (*446*).

Le même état de faillite ne donne pas ouverture à une présomption de fraude aussi rigoureuse que celle qui était écrite dans l'ancien Code; car la nouvelle loi se borne à dire : — « Tous autres paiements faits par le débiteur pour dettes échues et tous autres actes à titre onéreux par lui passés après la cessation de ses paiements et avant le jugement déclaratif de faillite, pourront être annulés, si, de la part de ceux qui ont reçu du débiteur ou qui ont traité avec lui, ils ont eu lieu avec connaissance de la cessation de ses paiements (*447*). »

Toutes ces dispositions et celles de détail qui les

accompagnent, sont de la plus grande netteté et de la plus facile application; et ces deux qualités se remarquent surtout dans la simplicité du fait caractéristique de l'état de faillite, c'est-à-dire la *cessation de paiement*, ce qui écarte la difficulté des circonstances complexes où se perdait l'ancien Code.

2° *L'administration de la faillite* offre aussi de notables améliorations, sous le rapport de la simplicité des formes, de la rapidité des procédures et de l'économie des frais.

Les *agents* sont supprimés, comme un rouage inutile et souvent nuisible à la bonne administration;

Les syndics, au lieu d'être nommés dans des assemblées tumultuaires de créanciers, où les intrigues sont à craindre, sont toujours choisis par le tribunal, sauf les observations des créanciers qui seront admises par les magistrats, si elles sont graves et fondées. Ainsi les syndics, qui agiront sous la tutelle du juge commissaire, et sous la surveillance du tribunal, ne seront jamais les auxiliaires de toutes les mauvaises passions qui partagent les assemblées, et qui se font jour par l'élection.

Il est toutefois un inconvénient que la loi nouvelle semble ne pas prévoir : c'est de remettre toujours aux mêmes mains, et à des mains salariées, la gestion de toutes les faillites. Ce sera la source d'industries funestes au commerce et contraires au bien de la justice, dont les fonctions d'agents et de syndics salariés n'ont que trop fréquemment donné l'exemple.

Les vérifications des créances, leurs formes et leurs délais, le concordat, sa formation, son homologation et les cas de résolution qui peuvent l'atteindre, la clôture de la faillite quand l'actif est insuffisant, et le contrat d'union, ont été l'objet d'améliorations de détail que nous ne pouvons pas indiquer ici.

Il en est de même des dispositions relatives aux droits des différents créanciers; mais nous devons signaler celle qui étend l'hypothèque légale des femmes de commerçants, non seulement aux immeubles qui appartenaient à leur mari au moment du mariage, mais encore à ceux *qui leur seraient advenus depuis, soit par succession, soit par donation entre vifs ou testamentaire* (art. 563). Cette extension améliorera le sort si malheureux des femmes de faillis, et ne nuira pas beaucoup aux créanciers, qui ne comptent ordinairement ces sortes d'immeubles que comme un gage éventuel, tandis qu'ils ont le plus souvent été un objet de considération dans les conventions du mariage.

La revendication qui a donné lieu à des difficultés si nombreuses, est l'objet d'une théorie bien simple.

Le vendeur peut *retenir* les marchandises qu'il a vendues au failli, s'il ne les a encore ni expédiées ni délivrées, soit à lui, soit à un tiers pour son compte. — Il peut les *revendiquer*, s'il les a expédiées, mais si la livraison n'en a pas encore été effectuée, soit dans les magasins du failli, soit dans ceux du commissionnaire chargé par lui de les vendre.... Le tout, sauf la revente sans fraude par l'acheteur, et sauf le droit des syndics d'exiger la livraison, en payant le prix de la vente (576, 577, 578).

Enfin, les voies de recours contre les jugements rendus en matière de faillite sont plus nettement déterminées; et c'est avec une juste raison qu'on a interdit toute espèce de pourvoi, même en cassation, contre les jugements qui statuent sur la nomination ou le remplacement des syndics ou du juge-commissaire; sur les demandes des sauf-conduits et de secours; sur la vente des effets ou marchandises, le sursis au concordat, l'admission provisionnelle des créanciers contestés, et sur les recours formés contre les ordonnances du juge-commissaire.

3° La qualification de la banqueroute simple ou frauduleuse est aussi plus exacte et plus claire que celle de l'ancien Code.

La loi nouvelle considère comme un fait de banqueroute simple, celui d'avoir, après cessation des paiements, payé un créancier au préjudice de la masse; innovation heureuse, qui peut empêcher bien des détournements de fonds et des fraudes secrètes (art. 585).

Elle punit de même l'emploi de fortes sommes à des opérations fictives de bourse, et les faits suivants commis dans l'intention de retarder la faillite : achats pour revendre au-dessous du cours, emprunts, circulation d'effets, et autres moyens ruineux de se procurer des fonds. — De plus, elle permet de frapper des mêmes peines celui qui a contracté pour le compte d'autrui, sans recevoir des valeurs en échange, des engagements jugés trop considérables, eu égard à sa situation lorsqu'il les a contractés. Cette menace de la loi puisse-t-elle arrêter l'essor de ces circulations effrénées qui ruinent le crédit!

Quant à la banqueroute frauduleuse, au lieu de la longue énumération contenue dans les art. 593 et 594 du Code de commerce, la définition de la loi nouvelle est celle-ci :

« Sera réputé banqueroutier frauduleux tout commerçant failli qui aura soustrait ses livres, détourné ou dissimulé une partie de son actif, ou qui, soit dans ses écritures, soit par des actes publics ou des engagements sous signature privée, soit par son bilan, se sera frauduleusement reconnu débiteur de somme qu'il ne devait pas » (art. 591). Cette qualification, dont la généralité ne laisse rien à désirer, rendra plus facile l'application de la loi pénale.

Au sujet des complices de la banqueroute frauduleuse, la loi nouvelle remplit une lacune depuis long-temps déplorée par les criminalistes et par le commerce, en punissant comme tels ceux qui ont affirmé dans la faillite, soit en leur nom, soit par interposition de personnes, des créances supposées (art. 593).

Telles sont les principales améliorations du système général des faillites. Nous ne prétendons pas qu'il ait désormais atteint le dernier terme de la perfection ; mais des travaux immenses ont été faits, des perfectionnements réels sont sortis de ces travaux, et le législateur doit se féliciter de son œuvre.

Terminons ces observations en exprimant un vœu. Des esprits éclairés sollicitent depuis long-temps l'institution d'un ministère public auprès de la juridiction commerciale : cette institution doit compléter un jour la législation sur les faillites, en rendant plus énergique l'action des organes de la société dans une matière qui touche de si près à l'ordre public. Espérons que ce complément d'organisation ne manquera pas long-temps encore aux tribunaux de commerce ; leur jurisprudence en sera plus forte, plus solidement appuyée sur les lois, et le crédit public y trouvera des garanties dans l'administration mieux surveillée des biens des faillis, et dans une répression plus sûre.

INTRODUCTION.

L'action d'un commerçant qui manque à ses engagements ne peut être appréciée, au point de vue moral, qu'en raison des circonstances qui y ont présidé. S'il n'a à se reprocher ni inconduite, ni imprudence; si les chances des affaires l'ont entraîné à une inévitable catastrophe; si des pertes irréparables, si un concours de faits purement fortuits ont neutralisé ses efforts, rendu inutiles son courage et son zèle, dissipé toutes ses espérances, il est victime et non coupable. C'est, comme disent les Américains, un soldat qui s'est aventuré sans peur et sans reproche sur un grand champ de bataille où la mort frappe en aveugle, et qui a succombé.

On conçoit néanmoins que dans l'intérêt du commerce, afin de raffermir la confiance publique et de diminuer autant que possible les exemples déplorables qui peuvent l'ébranler, la loi soit méticuleuse, sévère, inflexible; qu'elle multiplie les précautions, qu'elle procède avec méfiance, qu'elle constate minutieusement l'état des choses; qu'elle ressemble plutôt au juge qui se prépare à punir qu'au juge qui amnistie et qui pardonne. Il en résulte qu'elle varie essentiellement suivant les temps, suivant les conditions sociales qui expliquent, aggravent ou justifient jusqu'à un certain point la faillite d'un négociant.

Lorsque le commerce est dans l'enfance, nous la trouvons dure et même impitoyable. Il y a là sans doute une raison d'époque. Notre législation ancienne était généralement moins indulgente que celle d'aujourd'hui. Mais cette remarque ne résout pas la difficulté. C'est qu'alors il y avait contre le failli une présomption de culpabilité bien plus spécieuse, bien plus accablante : les relations commerciales étaient à peine formées. Les opérations du négoce n'avaient pas reçu la rapide impulsion qui est cause aujourd'hui de leurs innombrables vicissitudes. Il y avait à la fois dans la spéculation simplicité, lenteur et sûreté. Les professions se transmettaient de père en fils. Les maisons de commerce, consolidées par une longue existence, gérées avec une prudence excessive, à force d'économie, de persévérance et de travail, traversaient sans encombre les temps les plus difficiles. Les commerçants ne s'enrichissaient qu'après plusieurs générations ; ils se ruinaient parfois, mais rarement. Presque jamais ils n'étaient forcés de faire faillite. Ceux qui ne remplissaient pas leurs engagements n'étaient donc guère excusables. Le plus souvent ils méritaient le terrible nom d'*affronteurs publics* que leur inflige l'ordonnance d'Henri IV. Qu'on parcoure en effet les arrêts des cours de justice, qu'on recherche les circonstances qu'elles ont eu à apprécier, et l'on verra que maintes fois il ne s'agit nullement du désastre d'un homme malheureux, bien que probe et honnête, mais des spéculations éhontées d'un fripon qni exploite sa propre infamie.

Aussi, à mesure que le commerce s'agrandit, franchit les premières bornes qu'il s'était imposées, et devient le rouage principal de la grande machine sociale qui fait mouvoir les nations, il s'opère une réaction dans l'opinion publique, et la législation tend à plus de douceur et d'indulgence. Pour nous en tenir à la France, lorsqu'on s'aperçoit que les marchands, que les banquiers engagés dans des entreprises lointaines qui importent à la prospérité du royaume, sont exposés à devenir victimes de la mauvaise foi des négociants étrangers, les assemblées nationales, les états généraux demandent au pouvoir royal de ménager ceux qui sont emportés par le mouvement des affaires. Les ordonnances alors parlent un langage plus humain, se dépouillent de leurs formes impérieuses, font trêve à une rigueur implacable.

Dans les temps modernes, par suite de l'extension de l'industrie et du négoce, on peut reconnaître et suivre, dans leurs effets si curieux à observer, les conséquences de la marche naturelle des choses. En Angleterre, en Amérique, en France, partout les opérations commerciales ont pris un développement immense. La législation est d'autant moins sévère que la cessation de paiement d'un négociant s'explique et s'excuse plus facilement. On comprend en effet à merveille que dans l'état actuel des affaires, au milieu de commotions politiques dont le contre-coup ébranle à chaque instant le crédit public et détermine un grand nombre de catastrophes, une seule opération, une spéculation qui ne réussit pas, un désastre qui survient dans les hautes régions de la finance, peut multiplier les faillites et les propager de proche en proche dans toute l'étendue du pays. N'en est-il pas ainsi notamment à Paris? La ruine de tel ou tel banquier ne serait-elle pas le signal de la chute de sept ou huit cents petits commerçants dont l'existence commerciale dépend évidemment de la maison de banque qui alimente leur caisse?

Les réflexions qui précèdent sont le résumé de toute la législation antérieure à celle qui nous régit actuellement. Elle est l'expression continuellement vraie et visible des progrès incessants du mouvement industriel et commercial. Elle en reproduit toutes les modifications. Rude et impitoyable au commencement, elle cède peu à peu à l'influence des temps et des circonstances. Au seizième siècle, elle attache le failli au carcan; deux siècles après, elle lui fait une part plus équitable : elle le protége, elle lui fournit le moyen de recommencer la vie commerciale et d'effacer jusqu'aux dernières traces de son malheur passé. Étudions la dans ses dispositions principales et dans ses phases successives.

Les ordonnances royales qui ont pour but de réprimer et de punir les banqueroutes frauduleuses, portent l'empreinte de l'esprit général qui inspirait notre ancienne législation criminelle. On voulait qu'avant tout la peine fût exemplaire, et on s'efforçait d'imprimer un sentiment de terreur à tous ceux qui pourraient la mériter. Aussi, la loi est-elle prodigue de supplices effrayants, de cérémonies sinistres, de mesures lugubres propres à frapper vivement l'imagination de tout le monde.

Voici les termes de l'art. 4 de l'ordonnance de François Ier, rendue à Lyon, le 10 octobre 1536 :

« Ordonnons qu'il sera procédé contre les banqueroutiers extraordinairement sur les fraudes et abus par eux commis, leurs facteurs et entremetteurs, leur manière de vivre et actes précédents et subséquents, le temps qu'ils auront défailli et fait banqueroute, et des pertes et dommages qu'ils ont donnés aux personnages auxquels ils ont à besogner et procéder à la punition et réparation par amende honorable, punition corporelle et apposition au carcan et pilory, et autrement à l'arbitrage de justice, » etc.

Aux États d'Orléans (1569), Charles IX statue en ces termes :

« Tous banqueroutiers et qui feront faillite en fraude, seront punis extraordinairement et *capitalement*. »

Aux États de Blois (1579), Henry renouvelle ces dispositions d'une manière plus vague :

« Voulons que les ordonnances faites contre les banqueroutiers et ceux qui doleusement et frauduleusement font faillite ou cession de biens, soient gardés et que les tromperies publiques seront exemplairement et extraordinairement punies. »

Le nombre des faillites, sous le règne d'Henri IV, après l'ébranlement que les troubles religieux et la guerre civile avaient communiqué aux affaires du royaume, explique la recrudescence de rigueur que l'on remarque dans l'ordonnance de mai 1609.

« Voulons et nous plaît que conformément à l'ordonnance des États d'Orléans, il soit extraordinairement procédé contre les banqueroutiers et débiteurs faisant faillite et cessions de biens en fraude de leurs créanciers, leurs *commis*, facteurs et entremetteurs, de quelque état, qualité et condition qu'ils soient, et la fraude étant prouvée, ils soient exemplairement punis de peine de mort, comme voleurs et affronteurs publics. »

Ces dispositions étaient tellement sévères, tellement en dehors de toutes les notions de la justice distributive, qu'on aurait pu les croire une œuvre exceptionnelle et transitoire. Elles sont néanmoins reproduites sous le règne de Louis XIII.

Un arrêt du Parlement, à la date du 3 septembre 1637, rendu contre un négociant de Paris, dispose qu'ayant été atteint et convaincu d'avoir fait banqueroute frauduleuse pour s'être retiré du royaume, détourné et diverti par fraude ses papiers et effets pour en frustrer ses créanciers, le condamne à faire amende honorable devant les degrés du grand escalier du Palais, ayant des écriteaux devant et derrière en grosses lettres portant ces mots : *Banqueroutier frauduleux*; ce fait, être pendu et étranglé à une potence qui serait pour cet effet dressée dans la cour du palais, et qu'avant ladite exécution *il serait appliqué à la question ordinaire et extraordinaire*, pour savoir ce qu'étaient devenus ses effets et par lui nommer les complices de sa banqueroute et tous les biens confisqués.

Ainsi, amende honorable, carcan, mort par la potence, torture, confiscation, quelle effrayante accumulation de supplices atroces et de rigueurs révoltantes !

Louis XIV, dans l'art. 12 de son ordonnance de mars 1673, édicte encore de nouveau la peine de mort contre les banqueroutiers ; mais déjà la loi n'est plus que comminatoire et ne s'exécute pas au pied de la lettre. Les cours souveraines, comprenant enfin que la sévérité excessive des châtiments aboutit à des résultats diamétralement opposés à ceux qu'on veut atteindre, trouvent un moyen d'éluder les dispositions formelles de diverses ordonnances, et apportent un tempérament à leur application. La punition infligée aux coupables ne laisse pas que d'être rigoureuse et effrayante.

Savary (1), témoin oculaire, rapporte avec un accent de profonde pitié que François Lemercier, bourgeois de Paris, et Desves, procureur au Châtelet, l'un comme auteur, l'autre comme fauteur d'une banqueroute frauduleuse, subirent le supplice suivant : *nuds en chemise*, la corde au col, tenant chacun en leurs mains une torche ardente du poids de deux livres, ayant par-devant et par-derrière l'écriteau infamant ; ils firent amende honorable au lieu consacré à cette triste cérémonie. L'exécuteur des hautes œuvres les conduisit le long des rues Saint-Denis et Saint-Honoré jusqu'à la croix du *Trahoir*, où ils furent contraints d'avouer à genoux les faits qui leur étaient imputés. Le pilori les attendait dans les halles qu'ils gagnèrent par la rue des Prouvaires. A trois reprises différentes, aux trois jours de marché, pendant deux heures, ils firent quatre tours du pilori. Ils étaient en outre condamnés aux galères à perpétuité. Tout Paris en a vu l'exécution, ajoute le narrateur.

Nous trouvons encore une sentence de mort à la date du 12 septembre 1682. Mais, à partir de cette époque, les cours de justice adoucirent une pénalité

(1) *Parfait négociant,* tome II, part. 2, p. 366.

qui n'était plus en rapport avec les mœurs de leur temps.

L'immense différence qui sépare le négociant malheureux que des circonstances funestes entraînent à une faillite, et celui qui est coupable d'une faute grave, et qui cherche à s'enrichir de la ruine de ses créanciers, n'avait pas d'ailleurs échappé à la perspicacité et à la sagesse de la législation ancienne. Quelle que fût la sévérité draconienne des lois qui gouvernaient la vieille France, bien que trop souvent elles se laissassent dominer par des préjugés qui étaient la faute du temps et non des hommes, on ne peut lui refuser un admirable bon sens pratique dont l'histoire nous montre mille exemples : en 1614, les États qui siégeaient à Paris ; en 1617, l'Assemblée des notables, réunie dans la ville de Rouen ; en 1626, celle qui est convoquée dans la capitale du royaume, dans les cahiers qu'ils présentèrent au roi, intercalèrent un article dans lequel ils demandent expressément qu'il soit déclaré que les commerçants irréprochables dans leur désastre, n'encourent à l'avenir aucune infamie.

L'ordonnance du mois de janvier 1629 fait droit à leur demande. Elle statue en ces termes :

« Déclarons que ceux lesquels non par leur faute ou débauche, ains par malheur ou inconvénient, seront tombés en pauvreté et auront été contraints à cette cause de faire cession de biens, n'encourront pas pour cela infamie ni aucune marque, sinon la publication ou affiche de leurs noms ci-dessus mentionnée, et en sera fait mention par la sentence du juge, par laquelle ils seront reçus à ladite cession de biens. »

Le 12 mars 1678, le Châtelet de Paris rendit l'ordonnance suivante :

« De par le roi,

» Monsieur le prevost de Paris, ou monsieur le lieutenant civil.

» Sur ce qui nous a été remontré par le procureur du roi que depuis quelques mois.... plusieurs marchands, négociants, banquiers ont... été obligés de se retirer de cette ville et d'abandonner leurs biens et leur famille, et qu'ayant voulu sçavoir les causes véritables de leur retraite, et connoître si l'on pouvoit présumer que la mauvaise foi ou de faire des banqueroutes frauduleuses leur a fait prendre cette résolution, il a trouvé qu'il y avoit plus de malheur que de mauvaise foi ;.... et comme il est juste de punir sévèrement lse banqueroutes frauduleuses suivant la rigueur des ordonnances, il ne l'est pas moins d'empêcher que les marchands et banquiers.... qui ont agi avec la bonne foi du commerce, soient traités de même que s'il y avoit de la fraude.... etc.

» Nous.... ordonnons que tous marchands ou banquiers.... lesquels sans fraude ne se trouveront pas en état de fournir les sommes dont ils sont redevables, soit par lettres de change ou *autrement*, à cause des pertes qu'ils auront faites, se pourront pourvoir par devers nous par requête, à laquelle ils attacheront les doubles de deux états qu'ils signeront et affirmeront véritables, l'un de la valeur de leurs effets et l'autre de la valeur de leurs dettes.

» En vertu de l'ordonnance qui sera mise au bas de la requête, ils assigneront au lendemain par devers nous tous leurs créanciers, pour convenir entre eux de deux marchands ou autres personnes à ce connoissant, qui examineront les registres et feront l'inventaire sommaire et la prisée et estimation de leurs effets à l'amiable, et pour s'accorder ensemble des termes et . . . . . . du paiement, et . . . . . . si aucuns sont faits et vendre lesdits effets à l'amiable, s'il se peut, et après avoir ouï les marchands qui auront été nommés, être procédé à l'homologation du contrat qui aura été passé, ainsi qu'il appartiendra, le tout sans frais ni appositions de scellés ; sans préjudice aux créanciers qui se rendroint accusateurs, comme de banqueroute frauduleuse, et au procureur du roi de poursuivre extraordinairement et demander l'apposition de scellés sur les effets qui seront absentés ou fait banqueroute, diverti, caché et recelé leurs effets en fraude de leurs créanciers...

» Ordonnance lue, publiée où besoin sera.

» Ce fut fait et donné par messire Jean le Camus, chevalier, conseiller du roi en tous ses conseils, maître des requêtes », etc.

Nous avons reproduit, dans ses parties essentielles, ce document remarquable, qui contient le germe de toute la législation future, et qui pose avec une netteté rare les bases fondamentales sur lesquelles s'appuient des mesures aussi importantes pour le crédit public et pour l'organisation du commerce. On voit pareillement que cette ordonnance respire un esprit de modération et d'humanité qui contraste avec le ton virulent, avec les châtiments excessifs de presque toutes celles qui la précèdent. Il est facile de s'apercevoir que les progrès que fit la science du négoce dans ces temps où la société moderne commença à s'établir, influent déjà d'une manière heureuse sur les dispositions du pouvoir réprimant et régulateur.

Des ordonnances royales de 1673 et de 1681, on peut extraire un système complet qui permette de connaître dans leur ensemble les prescriptions législatives qui régissaient la matière des faillites. Ce travail a été fait, avec autant d'intelligence que d'utilité, par un savant professeur de la faculté de Paris (1), dans son Manuel de droit commercial. Ces ordonnances ont servi de base au code de 1808.

(1) M. Bravard-Veyrières.

CODE DES FAILLITES.

EXPOSÉ

DES MOTIFS ET RAPPORT DE LA COMMISSION DANS LA LOI DES FAILLITES.

Nous reproduisons, sinon dans leur intégrité, du moins dans leurs parties essentielles et dans leur ensemble, le dernier exposé des motifs présenté par M. le ministre de la justice, et le dernier rapport fait au nom de la commission (1) par M. Quenault, rapporteur. Ces documents contiennent un excellent commentaire des intentions du gouvernement, et des vues principales qui ont dirigé la double législature dans la confection d'une loi aussi importante. On y voit clairement que, convaincus de la nécessité d'aboutir sans retard à un résultat immédiatement applicable, les deux chambres ont subordonné la théorie à la pratique, et pris, avant tout, en considération les exigences actuelles du commerce et de l'industrie. Cette préoccupation, à laquelle ils ont

(1) Elle se composait de MM. Cunin-Gridaine, His, Salvetou, Stourm, Legrand, de Golbéry, Demonts, Dalloz, Quenault.

sacrifié la pensée d'ériger un monument complet, soumis aux prescriptions d'une logique inflexible, a inspiré en quelque sorte leur travail plus utile qu'irréprochable.

La lecture de ces pièces importe sous un autre point de vue. Rien de plus profitable pour l'étude et l'appréciation de nos institutions politiques, que l'examen attentif des fluctuations qu'impriment à la législation qui s'élabore les tendances générales de l'esprit spécial auxquels obéissent les deux chambres ! Tantôt l'une, contre les habitudes, s'empare de l'initiative et accepte sans hésiter les tentatives d'amélioration; tantôt l'autre, dérogeant au rôle qui lui est attribué dans la constitution, maintient le *statu quo*, repousse les innovations avec méfiance et se montre conservatrice. Leur mission varie selon les cas particuliers qui appellent à la fois une action progressive, un pouvoir modérateur. Ces phénomènes sociaux qui trahissent le mérite ou les imperfections de notre système gouvernemental, ne sont jamais plus sensibles que dans les questions vitales que soulève chaque jour le développement de notre activité industrielle, et dont la solution prompte et efficace intéresse en même temps la sécurité du présent et la prospérité de l'avenir.

DERNIER EXPOSÉ

DES MOTIFS DU PROJET DE LOI SUR LES FAILLITES (1).

Par M. Barthe, ministre de la justice.

Séance du 15 *janvier* 1838.

Le roi nous a ordonné de vous présenter le projet

(1) Voy. plus loin, note sous le titre de la loi, l'indication des précédents exposés et des précédents rapports.

de loi sur les faillites et banqueroutes, tel qu'il vient d'être adopté par la chambre des pairs. Soumis depuis deux ans à plusieurs discussions approfondies, il a été préparé avec cette maturité qui peut seule garantir le succès des réformes législatives, et que l'on devait apporter surtout à la réforme d'un de nos codes. Nous nous bornerons à vous signaler les différences peu nombreuses qui existent entre le projet de loi actuel et celui que la chambre des députés avait adopté.

Le chapitre premier intitulé : *De la déclaration de faillite, et de ses effets*, a subi des changements de rédaction qui, loin d'altérer les principes que vous avez admis, les font ressortir avec la clarté nécessaire pour dissiper toute équivoque et pour prévenir le retour des difficultés auxquelles la rédaction du Code de commerce avait donné lieu. C'est seulement à partir du jugement déclaratif de faillite que le projet de loi établit le dessaisissement du failli et frappe de nullité les actes que l'on aurait l'imprudence de passer avec un failli dont on ne peut plus ignorer l'état. Avant cette époque, la cessation de paiement qui, d'après les usages constants du commerce et les définitions des lois, constitue la faillite, aura souvent eu lieu depuis un temps plus ou moins long ; mais le fait de la cessation de paiement pouvant n'avoir pas été universellement connu, le projet renonce à établir comme préexistante au jugement déclaratif de la faillite, la présomption légale de sa notoriété.

Les actes à titres onéreux passés par un commerçant, après sa cessation de paiement, mais avant la déclaration judiciaire de sa faillite, ne sont donc point frappés par le projet de loi d'une présomption de fraude, et il faudra, pour les faire annuler, prouver l'existence de cette fraude qui consiste dans la connaissance qu'auraient eue les tiers de la cessation de paiements du débiteur avec lequel ils ont néanmoins traité. Cette règle, toute favorable qu'elle est au tiers de bonne foi, a été encore jugée trop sévère par les tiers porteurs d'effets négociables qui, n'étant admis par la législation ni à protester contre le paiement qui leur serait offert par un débiteur au-dessous de ses affaires, ni par conséquent à recourir contre leurs endosseurs, ne sauraient, sans injustice, être déclarés responsables de la validité d'un paiement qu'ils sont tenus de recevoir. Ceux-là seulement pour compte desquels les lettres de change auront été fournies, devront, lorsqu'ils auront eu connaissance de la cessation de paiements, être soumis au rapport.

Mais si les actes à titres onéreux, et surtout les paiements d'effets négociables, doivent être entourés d'une juste faveur, il est certains actes que la loi doit annuler nécessairement, par cela seul qu'ils ont été faits par un commerçant après sa cessation de paiements : tels sont les dispositions gratuites, les paiements anticipés, les constitutions d'hypothèque, sans versement actuel de deniers. Un commerçant hors d'état d'acquitter ses engagements, ne peut valablement consentir de pareils actes qui contiennent une fraude réelle faite à la masse de ses créanciers. Il n'est pas nécessaire de prouver que les tiers appelés à en profiter ont connu le fait de la cessation de paiements; il suffit que ce fait ait précédé les dispositions dont il s'agit. L'époque de la cessation de paiements devant servir de point de départ à des nullités de plein droit, a donc besoin d'être déterminée d'une manière fixe et invariable par le jugement qui déclare la faillite ou par un jugement ultérieur.

L'issue du débat qui a eu lieu dans le sein de la chambre des pairs, relativement au mode de nomination des syndics provisoires, a été également favorable au système que la chambre des députés avait adopté. D'après un amendement ajouté au projet primitif, le juge-commissaire sera tenu de convoquer préalablement les créanciers à l'effet de les consulter, tant sur la composition de l'état général, qu'il est chargé de dresser, que sur le choix des syndics à nommer. Ce droit de consultation, accordé aux créanciers, servira à éclairer le tribunal de commerce, sans jamais l'enchaîner, et ne peut offrir que des avantages.

L'art. 475 du projet primitif (devenu l'art. 477 du projet actuel) refusait au juge-commissaire le pouvoir d'interroger la femme et les enfants du failli sur les causes et les circonstances de la faillite, et sur tout ce qui concerne la formation du bilan. On avait craint de transformer, malgré eux, la femme et les enfants d'un failli en témoins contre leur mari et père. Des réflexions que nous croyons plus justes, ont fait reconnaître qu'aucun danger semblable n'est à craindre de la part d'un juge consulaire qui n'est point chargé de procéder à une instruction judiciaire, et qui n'a même aucun pouvoir pour contraindre à faire des déclarations les individus appelés devant lui.

Des modifications plus importantes ont été admises en ce qui concerne les causes d'annulation du concordat, et l'action en résolution de ce traité. Nous avons craint de laisser à tout créancier mécontent le droit de remettre en question, au moyen d'une action tardive en nullité, un concordat homologué par la justice, et dont la stabilité importe, non-seulement aux créanciers primitifs dont il a réglé le sort, mais à tous les tiers qui depuis ont traité avec le failli, que cet acte a rétabli dans ses droits. Le projet que vous aviez adopté supprimait, par ce motif, toute action en nullité du concordat après son homologation. D'après ce système, il fallait, pour anéantir le concordat, que le failli qui l'avait obtenu encourût une condamnation pour banqueroute frauduleuse. La chambre des pairs a pensé que si la découverte du dol résultant soit de la dissimulation d'une partie de l'actif réel du failli, soit de l'exagération de son passif, est, comme on ne peut le nier en droit et en équité, une cause d'annulation du concordat. On ne peut faire dépendre cette annulation de l'issue trop souvent incertaine d'une poursuite criminelle. Les intérêts des créanciers trompés par le failli doivent être garantis par une action civile qui ne soit pas exclusivement de la compétence des cours d'assises, et qui puisse être portée devant la juridiction ordinaire.

A l'égard de l'action en résolution du concordat, pour cause d'exécution de ses conditions, le projet que vous avez adopté en 1835 accordait cette action à tout créancier qui n'aurait point été payé de son dividende. La chambre des pairs a pensé que l'on ne doit point attribuer à chaque créancier le droit individuel de provoquer la résolution du concordat qui, poursuivie par un seul, serait néanmoins prononcée à l'égard de tous, le concordat ne pouvant exister pour les uns et n'exister pas pour les autres. Cette considération a fait adopter un amendement d'après lequel la résolution du concordat ne pourra être poursuivie qu'autant que la majorité des créanciers donnera son assentiment à cette poursuite.

Dans le projet qui a été présenté à la chambre des pairs, le gouvernement avait persisté à proposer la suppression du droit de revendication, dont le Code de commerce maintient encore l'exercice sur les marchandises expédiées au failli tant que la tradition n'en a point été effectuée dans ses magasins ou dans ceux du commissionnaire chargé de les vendre pour le compte du failli. Le système qui tendait à supprimer la revendication s'appuyait sur les principes du droit qui conduisent à décider que, lorsque la vente des marchandises en a transféré la propriété au failli, lorsque l'expédition de ces marchandises, qui équivaut à leur tradition, les a mises à ses risques, elles doivent être considérées comme acquises à la masse.

Ce système paraissait aussi plus conforme aux principes du crédit commercial qui, dans un état et dans un temps où le commerce a pris un important développement, n'est plus attaché à des droits de gage et de revendication sur des objets emportés par une circulation trop rapide, et n'a plus pour élément que la confiance dans la personne du débiteur; confiance qui expose tous les contractants aux mêmes risques et doit les soumettre au même sort. Mais la proposition de supprimer le droit de revendication a excité des alarmes dans une certaine classe de commerçants. Ces alarmes, qui ont été partagées par la majorité de l'une et de l'autre chambre, ont inspiré au gouvernement, jaloux de ménager et de rassurer tous les intérêts commerciaux, des inquiétudes sur le mérite de l'innovation qu'il avait proposée. Dans le doute, il vaut mieux s'en tenir à ce qui existe. Nous croyons donc devoir vous proposer aujourd'hui le maintien de la revendication telle qu'elle a été conservée dans le projet adopté par la chambre des pairs.

Vous trouverez dans l'ensemble des dispositions du projet le même esprit de circonspection et de prudence. Cet esprit est celui qui a dirigé vos précédentes délibérations et qui a également inspiré les résolutions arrêtées par la chambre des pairs.

RAPPORT

DE LA COMMISSION DE LA CHAMBRE DES DÉPUTÉS.

Séance du 17 *mars* 1838.

L'esprit de la réforme qu'appelle notre législation sur les faillites et banqueroutes, doit être un esprit de protection et de faveur pour les intérêts du commerce. Cette législation embrasse deux objets, le règlement des intérêts civils ou commerciaux compris par la faillite, et la répression des crimes ou délits qui peuvent imprimer à la faillite le caractère de banqueroute. L'intérêt de la vindicte publique est sans doute supérieur à tous les autres, mais seulemen dans la sphère légitime de son action. Le législateu qui croirait voir dans toute faillite cet intérêt à satisfaire aux dépens des intérêts privés, oublierait un de objets de sa mission, et risquerait même de n'en atteindre aucun; car tous les intérêts privés se soulèveraient contre la loi et se ligueraient pour conspire à son inexécution. C'est ce qui est arrivé jusqu'à u certain point à la législation de 1807. Une réactio provoquée par le scandale impuni de quelques banqueroutes fameuses eut trop de part à l'œuvre d cette époque.

La main-mise s'étend à la fois sur la personne e sur tous les biens du failli. Par le principe du dessaisissement, le Code de commerce a comblé san doute une grande lacune de la législation antérieur qui laissait les faillis en possession de leurs biens sans même les obliger d'appeler immédiatement leur créanciers; mais les auteurs du Code de commerc se sont jetés dans un autre excès. Après cette main mise qui paralyse toutes les ressources, commenc une série de procédures dont la complication et l durée fatiguent les commerçants en ajoutant à l perte d'une partie de leurs créances celle qui résult pour eux de la lenteur du recouvrement. Des cause que le Code n'a point prévues, telles que des contestations sur les créances, viennent augmenter ces retards. Les frais qu'entraîne la multiplicité des forme absorbent tout l'actif liquide. Les inconvénients pratiques de cette législation ont produit le plus fâcheu de tous les effets, c'est la fréquente inexécution.

Le projet de loi a pour objet de remédier à ces inconvénients. Avant tout, il faut rendre le règlemen des faillites moins onéreux pour les créanciers. Déj la loi des finances du 24 mai 1834 a notablement diminué les droits du fisc sur les actes qu'entraîne le règlement des faillites. Des dispositions inspirées par le même esprit veulent que les frais de poursuite criminelle ou correctionnelle contre le failli soient, en cas de condamnation, mis à la charge du trésor public. Une autre disposition charge le trésor public, en cas d'insuffisance des deniers appartenant à la faillite, de faire l'avance des premiers frais. Au moyen de cette avance, la mise en faillite sera toujours provoquée ; elle sera réalisée, et la loi ne demeurera plus sans exécution. D'un autre côté, le failli, s'il est de bonne foi, sera lui-même intéressé à faire une prompte déclaration de sa faillite. A ce prix, il obtiendra d'être affranchi de l'emprisonnement. Des mesures sont prises afin de pourvoir, s'il y a lieu, à la continuation non interrompue du commerce du failli. Une plus grande latitude de pouvoir, conférée au tribunal de commerce, permet de simplifier les rouages de l'administration. Au moyen d'un expédient qui offre toutes les garanties nécessaires aux intérêts des créanciers domiciliés hors du territoire continental de la France, on satisfait à l'intérêt commun de tous les créanciers présents ou absents qui veut que la conclusion de la faillite soit rapprochée. C'en est assez pour donner une idée de la tendance et de l'esprit général du projet de loi.

I. DE LA CESSATION DE PAIEMENT, DE LA DÉCLARATION DE FAILLITE, ET DE LEURS EFFETS.

Le projet de loi conserve la disposition empruntée par le Code aux plus anciens statuts des marchands, qui a pour objet de déterminer le caractère auquel on reconnaît la faillite. La ponctualité dans l'exécution des engagements commerciaux est si essentielle, qu'une maison ne peut cesser ses paiements sans que son existence commerciale, privée du crédit qui en est l'âme, ne soit par cela même interrompue. Un résultat si important, qui affecte l'état du débiteur n'est point sans doute attaché à quelques protêts isolés. Il vaut mieux laisser le tribunal juge de l'ensemble des circonstances que son expérience commerciale le met à portée d'apprécier sainement.

La cessation de paiements, par cela même qu'elle caractérise la faillite, confère des droits aux créanciers, ouvre en leur faveur des actions révocatoires et les autorise à provoquer un ensemble de mesures établies dans leur intérêt. Il s'ensuit que, lorsqu'un négociant est décédé après avoir cessé ses paiements ses créanciers ne peuvent perdre, par l'événement de son décès, la faculté qui leur était acquise de faire déclarer sa faillite, et de réclamer toutes les conséquences attachées à cette déclaration. La commission a maintenu la disposition qui consacre leur droit à cet égard; mais elle a pensé qu'il fallait le concilier avec le droit des héritiers du débiteur qui ont besoin de savoir sous quel régime la succession sera placée avant de prendre qualité dans cette succession.

Quoique la cessation de paiements ait d'importantes conséquences, ces conséquences ne sont point les mêmes que celles de la déclaration judiciaire de la faillite. La commission applaudit aux dispositions qui ont pour but de rapprocher l'une de l'autre ces deux époques, soit en intéressant le débiteur lui-même à faire spontanément une déclaration de faillite qui sera récompensée par l'affranchissement du dépôt, soit en punissant celui qui tarde à déclarer sa faillite, soit en faisant cesser l'obstacle qui résultait pour les créanciers de l'absence des fonds nécessaires pour subvenir aux premiers frais.

La majorité de la commission a pensé que l'on ne peut, sans s'exposer à commettre de graves injustices, faire remonter le dessaisissement du débiteur à une époque où il était encore saisi, de fait, de l'administration de ses biens et de l'exploitation de son commerce. La disposition rétroactive qui placerait à cette époque prématurée le dessaisissement du failli, établirait une fiction de droit en contradiction avec les apparences, avec les faits, et tendrait à la confiance des tiers un véritable piége. S'il importe que les créanciers de la faillite ne restent point désarmés et impuissants contre la fraude, il importe aussi que le respect dû à la bonne foi des tiers ne reçoive point d'atteinte. Jusqu'au jugement déclaratif, qui donne à la faillite la publicité légale et réalise le dessaisissement, l'état du débiteur ne peut être ignoré des tiers ou du moins de plusieurs d'entre eux. La majorité de la commission, adoptant ces idées, a donné son approbation au système du projet qui ne répute le failli dessaisi de l'administration de ses biens qu'à partir du jugement déclaratif de faillite.

Est-ce à dire que la cessation de paiements ne produira par elle-même aucun effet? Loin de là, l'époque de la cessation de paiements et même une époque antérieure de dix jours, sera le point de départ d'une nullité de droit qui frappera tous les actes à titre gratuit consentis par le débiteur failli ou près de faillir. Le projet de loi a étendu la nullité prononcée contre les actes à titre gratuit aux paiements faits par anticipation, soit en espèces, soit par transport, vente, compensation ou autrement, ainsi qu'aux droits d'hypothèque, d'antichrèse ou de nantissement, constitués depuis la cessation de paiements, pour des dettes anciennes et sans versement actuel de deniers. La commission a pensé que la même présomption doit s'appliquer au créancier qui reçoit en paiement tout ou partie des immeubles ou du mobilier du failli. Elle a compris, dans l'art. 466, comme empreints du même caractère, ces actes de dation en paiement.

Quant aux paiements en espèces et à tous les titres

onéreux, sauf les exceptions portées dans l'art. 446, ils ne seront annulés que si, de la part des tiers qui ont reçu du débiteur ou qui ont traité avec lui, ils ont eu lieu avec connaissance de la cessation de ses paiements, art. 447. L'intention de la loi est que les tribunaux, sans se laisser arrêter par les règles ordinaires sur la preuve, qui ne sont point applicables en pareil cas, puissent toujours démasquer la fraude et la réprimer avec sévérité.

Mais la disposition de l'art. 447, qui autorise à rechercher les paiements faits par le débiteur avant la déclaration de sa faillite, reçoit une exception en faveur des tiers porteurs d'effets négociables, qui, n'étant admis par la législation ni à protester contre le paiement qui leur serait offert, ni par conséquent à exercer les recours subordonnés à la condition du protêt, ne pourraient sans injustice être déclarés responsables de la validité d'un paiement qu'ils sont tenus de recevoir.

L'une des principales conséquences de la déclaration judiciaire de la faillite est de faire cesser les poursuites individuelles contre le failli. Toutefois les créanciers privilégiés et hypothécaires conservent l'exercice des voies d'exécution qui leur appartiennent sur les biens qui leur sont spécialement affectés. Le propriétaire, ou locateur, encore plus favorablement traité par la jurisprudence, est considéré comme étant en dehors de la faillite pour tout ce qui tient à l'exercice de son privilége sur le mobilier garnissant les lieux loués. Le gouvernement a pensé que, pour concilier dans une juste mesure les intérêts de la masse avec ceux du propriétaire, on pourrait suspendre, pendant l'espace de trente jours, les voies d'exécution qui lui appartiennent, afin de ménager aux créanciers le temps nécessaire pour se réunir et se concerter sur les moyens de désintéresser le locateur.

II. DES SYNDICS DE LA FAILLITE ET DE LEURS FONCTIONS.

Le projet de loi a déclaré le failli, à partir du jugement déclaratif de la faillite, dessaisi de l'administration de ses biens. Ce principe salutaire une fois posé, il reste à organiser une autre administration qui présente à tous les intérêts des garanties suffisantes.

La majorité de la commission n'a point accueilli la proposition de créer une classe nouvelle d'officiers publics pour l'administration des biens des faillis. Le moindre inconvénient de cette création serait d'exclure de toutes les faillites une gestion gratuite, et de rendre l'administration trop dispendieuse, surtout pour les petites faillites.

Mais, tout en écartant la pensée de cette institution, la commission a recherché s'il ne serait pas possible d'introduire plus de simplicité, plus d'unité et d'esprit de suite dans l'administration de la faillite. En ne donnant aux créanciers présumés que le droit de faire entendre au juge-commissaire leurs observations et leurs vœux, et en réservant au tribunal de commerce le choix entièrement libre des syndics provisoires, le projet de loi a introduit une grande amélioration.

D'après le système que la commission propose d'adopter, le pouvoir de nommer, de remplacer ou de maintenir les syndics, depuis le commencement de la procédure de faillite jusqu'à la fin, appartiendrait exclusivement au tribunal de commerce, et le renouvellement du syndicat ne serait que facultatif, il ne serait jamais forcé. Ce principe de permanence, qui maintiendrait dans l'administration de la faillite l'unité, l'esprit de suite, l'expérience acquise, serait toutefois combiné avec le droit qu'il faut laisser aux créanciers de provoquer toutes les modifications désirables dans la composition du syndicat.

En adoptant le système d'un syndicat permanent, la commission n'a point entendu effacer les différences qui doivent continuer d'exister entre l'administration qui précède la délibération sur le concordat, et la liquidation qui suit le rejet de ce traité. Dans la première période, et lorsqu'on ne sait pas encore si le failli ne sera pas rétabli par un concordat à la tête de ses affaires, l'administration doit être bornée à des actes conservatoires et à des opérations nécessaires et urgentes. Elle ne comprend point le pouvoir d'aliéner les biens immobiliers. Toutefois la commission a cru devoir admettre une sorte de dérogation à cette règle, en établissant que le pouvoir de transiger, accordé par le projet aux syndics provisoires pour les contestations relatives aux biens mobiliers, sera étendu, moyennant certaines précautions, aux contestations qui sont relatives à des droits et actions immobiliers. Comme le failli ne peut être dépouillé de ses immeubles, lorsque l'on ne sait pas encore s'il sera remis ou non par un concordat à la tête de ses affaires, l'opposition du failli suffira pour empêcher une transaction qu'il trouverait préjudiciable à ses droits.

III. DE LA VÉRIFICATION DES CRÉANCES.

De toutes les mesures qu'embrasse la première période de l'administration des syndics, les plus essentielles et les plus urgentes sont celles qui ont pour objet la vocation des créanciers et la vérification de leurs titres. La commission applaudit à toutes les modifications introduites pour hâter ces préliminaires de la formation de l'assemblée qui devra délibérer sur la question vitale de savoir s'il y a lieu d'accorder un concordat au failli. Le projet de loi n'a pas seulement abrégé le délai général, établi par le Code de commerce, pour la convocation des créanciers; il a supprimé la disposition qui, après l'expiration d ce délai, exigeait une nouvelle mise en demeure par jugement du tribunal et de nouvelles formalités pour en faire parvenir la connaissance aux créanciers. La commission a encore abrégé les délais établis par le projet, et les a précisés de manière à ne laisser aucun moyen de les éluder.

Au moyen de la mise en réserve d'une portion de l'actif correspondante aux créances pour lesquelles les créanciers domiciliés hors du territoire continental de la France sont portés sur le bilan, le projet de loi autorise les créanciers domiciliés en France à passer outre après l'expiration des délais qui leur sont impartis, à la délibération du concordat, et aux autres opérations de la faillite. Si les créanciers absents perdent l'avantage de participer aux délibérations, le tribunal de commerce devra tenir compte de leurs intérêts, lorsqu'il sera appelé à statuer avec les pouvoirs étendus que lui confère l'art 515 du projet, sur l'homologation du concordat. Au moyen de ces tempéraments, on peut, sans léser les intérêts des créanciers absents, satisfaire à l'intérêt général qui serait blessé par la prolongation de l'administration provisoire et par l'ajournement presque indéfini de la liquidation. La commission a hautement approuvé cette innovation importante, qui fait cesser la cause des plus longs retards dans les procédures de la faillite.

Il est important de faire remarquer que si le projet de loi, dans un intérêt de célérité, permet de passer outre aux opérations de la faillite, sans la participation de certains créanciers, il a, d'un autre côté, par une disposition plus équitable que celle du Code, pourvu à la conservation des droits des retardataires dans les répartitions de l'actif.

IV. DU CONCORDAT, DE SES EFFETS, DE SON ANNULATION ET DE SA RÉSOLUTION.

Les conditions établies par le Code de commerce pour la formation du concordat n'ont pas été notablement changées par le projet qui est soumis. Toutefois le projet a voulu favoriser cette conclusion de la faillite qui, dans l'alternative où les créanciers se trouvent placés, est ordinairement le parti le plus avantageux. Dirigée par la même intention, la commission a approuvé la disposition nouvelle qui fait cesser l'exclusion prononcée par le Code contre le failli condamné pour banqueroute simple.

Le concordat une fois homologué est obligatoire pour tous les créanciers portés ou non portés au bilan, vérifiés ou non vérifiés. Il ne faut pas que la jurisprudence demeure plus long-temps incertaine sur les effets du concordat qui sont si importantes pour la stabilité.

Le principe de l'irrévocabilité du concordat ne reçoit exception que dans le cas où l'intérêt de la masse a été lésé par le dol du failli. Ce cas est celui d'une banqueroute frauduleuse qui n'aurait été découverte que depuis l'homologation du concordat.

Le Code de commerce ne s'expliquait pas et la jurisprudence était indécise sur la question de savoir si la condamnation pour banqueroute frauduleuse intervenue contre le failli depuis l'homologation du concordat, annule ce traité. Le projet de loi se prononce avec grande raison pour l'affirmative. Hors ce cas d'exception, aucune action en nullité du concordat n'est recevable après son homologation.

Mais si le maintien du concordat importe aux créanciers, c'est à la condition qu'il recevra envers eux son exécution. Comme tout contrat synallagmatique, il est sujet à l'action résolutoire pour cause d'inexécution de ses conditions. La commission a été d'avis à la majorité que, la résolution du concordat étant indivisible comme son maintien, on ne peut laisser un créancier arbitre du sort de tous les autres, et lui accorder une action qui va changer la situation et les droits de la masse.

L'annulation du concordat pour cause de banqueroute, et sa résolution pour cause d'inexécution, n'ont point les mêmes effets à l'égard des cautions qui sont intervenues pour la garantir. Dans le premier cas, la nullité de la convention principale entraîne celle du cautionnement.

C'est dans l'intérêt des créanciers qui ont traité avec le failli, que les dispositions nouvelles du projet concernant l'annulation et la résolution du concordat, produiront les effets les plus importants. Dans l'état actuel, le principe de l'annulation et de la résolution du concordat, n'est point absolument contesté, mais on n'admet point son effet qui consiste à faire revivre la faillite. Les créanciers, vis à-vis desquels le concordat n'est point exécuté, n'ont d'autre ressource que de faire déclarer une seconde faillite. Il faut passer de nouveau par toutes les formes et subir toutes les lenteurs d'une procédure entière. Enfin les créanciers primitifs ne sont admis à figurer dans la nouvelle liquidation que pour le dividende promis par le concordat, et ce dividende, soumis de nouveau à une réduction proportionnelle, finit par s'anéantir entièrement. Le projet de loi remédie à ces graves inconvénients.

V. DE L'UNION.

S'il n'intervient point de concordat, les créanciers seront de plein droit en état d'union. Tout en proposant de retirer aux créanciers la nomination directe des syndics, la commission n'a point entendu détruire le régime de l'union. Elle a même conseillé aux créanciers unis le droit extraordinaire de donner mandat aux syndics pour continuer l'exploitation de l'actif. Ce droit, au moyen des précautions dont son exercice est environné, paraît avoir plus d'avantages que d'inconvénients.

Le Code de commerce n'avait point réglé la fin de l'union, surtout en ce qui concerne le sort du failli. Le projet de loi a comblé cette lacune, suivant les dispositions qui permettent de supprimer, à l'égard des débiteurs commercants, le bénéfice de la cession des biens, qui n'avait d'utilité réelle que sous le régime de l'union, en l'absence de toute disposition protectrice du sort du failli.

VI. DE LA CLOTURE EN CAS D'INSUFFISANCE DE L'ACTIF.

D'après la législation existante, toute procédure de faillite doit conduire à l'une ou à l'autre de ces deux issues, le concordat ou le régime de l'union. Mais en fait il arrive souvent que, sans aller jusque-là, le cours des opérations de la faillite se trouve arrêté par l'insuffisance de l'actif. Le projet de loi met fin à cet état irrégulier, en établissant que le tribunal pourra, sur le rapport du juge-commissaire, prononcer, même d'office, la clôture des opérations de la faillite.

VII. DES DIFFÉRENTES ESPÈCES DE CRÉANCIERS, DES DROITS DES FEMMES, DE LA REVENDICATION.

Après avoir dirigé la marche de la faillite dans toutes ses phases, le projet de loi s'occupe de régler les droits des différentes espèces de créanciers. La commission a donné son assentiment à toutes les modifications introduites dans cette partie de la loi. Elle a remarqué avec satisfaction que les droits des femmes des faillis, trop méconnus par le Code de commerce, ont été réglés d'une manière plus équitable, sans que l'on ait sacrifié les précautions nécessaires pour empêcher que l'actif des faillis puisse être soustrait à leurs créanciers.

Le commerce doit applaudir à la disposition qui supprime, en cas de faillite, le privilége et le droit de revendication attribués par l'art. 2102 du Code civil au vendeur d'effets mobiliers. A la différence de la revendication civile, la revendication établie par le Code de commerce s'arrête lorsque la marchandise vendue est entrée dans les magasins du failli. La revendication limitée comme elle l'est par le Code de commerce, doit-elle être maintenue? Des alarmes ont été manifestées par les commerçants, lorsque dans son projet primitif, présenté en 1834, le gouvernement a proposé la suppression entière du droit de revendication. Ces craintes méritent d'être prises en considération. Déterminé par ces motifs, le gouvernement s'est prononcé pour le maintien de la revendication. La commission croit devoir se ranger à cette opinion.

VIII. DE LA VENTE DES IMMEUBLES DU FAILLI.

La commission a regretté que le gouvernement qui a mis tous ses soins à rendre plus simples, plus rapides et plus économiques les procédures de la faillite, n'ait point étendu ce bienfait aux formalités qui sont relatives à la vente des immeubles du failli. Profondément convaincue de la nécessité de réformer cette partie de la législation, la commission aurait elle-même entrepris d'y travailler, si elle n'avait pas été arrêtée par la réflexion que cette réforme doit faire partie d'un travail d'ensemble qui porterait sur toutes les ventes judiciaires d'immeubles; mais elle m'a chargé de vous exprimer de la manière la plus énergique le vœu de cette réforme.

IX. DES BANQUEROUTES.

La partie du projet qui concerne les banqueroutes, nous a paru présenter une distribution de cas de banqueroute simple et de ceux de banqueroute frauduleuse plus complète et plus équitable que celle du Code. Mais la commission a surtout applaudi aux dispositions nouvelles, qui mettent à la charge du trésor les frais de poursuite criminelle ou correctionnelle, lorsqu'il y a condamnation.

Un chapitre du projet, entièrement nouveau, a pour objet la répression des crimes et délits commis dans les faillites par d'autres personnes que les faillis. L'intérêt de la morale publique et celui des créanciers honnêtes, réclamaient depuis longtemps contre l'impunité accordée aux traités par lesquels un créancier vend au failli, pour l'aider à tromper la masse, une adhésion mensongère au concordat, dont il ne subira pas la loi.

X. DE LA RÉHABILITATION.

Après les sanctions pénales destinées à réprimer les actes qui donnent un caractère plus ou moins criminel à la faillite, la loi place en dernier lieu la sanction rémunératoire destinée à encourager les efforts et les sacrifices au prix desquels le commerçant failli cherche à se relever de cet état de déchéance, et à rentrer en possession de tous ses droits, de toute sa bonne renommée. L'état de faillite peut être modifié par le concordat, et même, en cas d'union, par la dé-déclaration d'excusabilité qui affranchit le failli de la contrainte par corps ; mais il ne peut être entièrement effacé que par la réhabilitation qui seule fait cesser, pour le failli, les incapacités politiques et l'interdiction de quelques-uns des droits des commerçants. Cette institution agit par le mobile de l'honneur. Il ne faut pas risquer de faire perdre à la réhabilitation ce caractère et ce haut prix, en cherchant à le rendre plus facile. Aussi le projet de loi n'a-t-il pas introduit de grands changements en cette matière ; seulement il autorise à reproduire, après l'intervalle d'une année, la demande en réhabilitation rejetée une première fois. Il permet aussi, par un article nouveau, de faire réhabiliter la mémoire du failli décédé (1).

(1) La commission a jugé à propos d'écarter la disposition qui accordait le bénéfice de la réhabilitation à un associé qui paierait intégralement sa part proportionnelle dans le passif de la société. Elle allègue un double motif : la nécessité de laisser subsister le lien civil qui rend chaque associé solidairement tenu des dettes de la société; le danger d'accorder une réhabilitation partielle qui ne détruirait pas complétement, dans l'opinion publique, le préjudice causé à l'honneur du failli réhabilité. Nous croyons cette décision aussi critiquable au point de vue de la théorie qu'au point de vue de la pratique.

LOI

SUR LES FAILLITES ET BANQUEROUTES.

28 mai. — 8 juin. — *Loi sur les faillites et banqueroutes* (1) (voy. Édit d'Orléans, 1560; Édit, mai 1609; Ord., janvier 1629; Ord., 2 juin 1667; Ord. 1673, dite Code marchand; déclarations du roi des 18 novembre 1702, 10 juillet 1715, 15 juillet 1716, 5 août 1721, 7 juillet 1727 et 13 septembre 1739; Loi, 15 septembre 1807; Ord., 9 avril 1819; Loi, 17 avril 1832; Loi, 24 mai 1834 (art. 11 à 15).

(1) Présentation à la chambre des députés, 1er décembre 1834 (Mon. 2, 3). — Rapport, par M. Renouard, 26 janvier 1835. — Discussion, 9, 10, 11, 12, 13, 16, 18, 19, 20, 23, 24, 25 février. — Adoption (193 voix contre 78), 25 février.

Première présentation à la chambre des pairs, 28 mars. — Rapport, par M. Tripier, 10 mai.

Deuxième présentation à la chambre des pairs, tant du projet primitif du gouvernement que de celui adopté par la chambre des députés, 17 janvier 1837.— Deuxième rapport, par M. Tripier, 13 avril. — Discussion, 8 et 9 mai. — Adoption (86 voix contre 1), 10 mai.

Retour à la chambre des députés, 15 janvier 1838. — Rapport, par M. Quenault, 17 mars. — Discussion, 27, 28, 29, 30 et 31 mars, 2, 3 et 4 avril. — Adoption (193 voix contre 67), 7 avril.

Retour à la chambre des pairs, 16 avril. — Troisième rapport, par M. Tripier. — Adoption (107 voix contre 5), 14 mai.

Le livre III du Code de commerce sur les faillites et banqueroutes, ainsi que les articles 69 et 635 du même Code, seront remplacés par les dispositions suivantes : — Néanmoins, les faillites déclarées antérieurement à la promulgation de la présente loi, continueront à être régies par les anciennes dispositions du Code de commerce, sauf en ce qui concerne la réhabilitation et l'application des articles 527 et 528.

TITRE PREMIER.

De la Faillite.

—

DISPOSITIONS GÉNÉRALES.

Art. 437. Tout commerçant qui cesse ses paiements est en état de faillite.

La faillite d'un commerçant peut être déclarée après son décès, lorsqu'il est mort en état de cessation de paiements (1).

(1) « On a quelquefois réclamé, dit M. Renouard dans son rapport, la création légale d'un état intermédiaire entre la solvabilité et la faillite, et dont la destination serait d'offrir des garanties et des règles pour les simples suspensions de paiement et pour les contrats d'atermoiement qui peuvent en être la suite. Il nous a paru que toute disposition de ce genre est inadmissible. Si tous les créanciers d'un commerçant dont les paiements sont arrêtés sont d'accord pour lui accorder du temps, l'intervention de la loi est inutile; il n'y aura point de poursuites. Qui a terme ne doit rien : aussi n'est-ce point pour ce cas qu'on désire le secours de la loi, mais pour celui où les créanciers ne s'accordent pas tous à consentir des délais à leur débiteur. Or, pour soumettre ainsi certains créanciers à la volonté des autres, comment se dispenserait-on de les entendre, de vérifier la sincérité de leurs créances, de faire délibérer en assemblée générale, de définir la majorité, de soumettre ces décisions au contrôle de la justice? C'est-à-dire qu'il faudrait recourir à toutes les formalités ordinaires des faillites, aux convocations, aux vérifications de créances, aux délibérations du concordat, aux homologations,

La déclaraticn de la faillite ne pourra être ni

afin d'arriver à rendre obligatoire pour une minorité dissidente le contrat d'atermoiement. Rien donc ne serait gagné, ni pour le temps, ni pour les frais, ni pour les formes. Tout au contraire, il faudrait recommencer ces opérations, ces dépenses, car une faillite judiciaire ne manquerait jamais de s'ouvrir, dès que l'on aurait épuisé les ressources de cette première période, qui deviendrait le préliminaire inévitable de chaque faillite. Ce que l'on demande ne tend à autre chose qu'à constituer l'état de faillite sans dessaisir le failli de l'administration de ses biens. On rétrograderait par là jusqu'au système de l'ordonnance de 1673, et à ces lettres de répit et arrêts de surséance (voy. tit. 9) auxquels les rédacteurs du Code ont eu si fort à cœur d'échapper... Un négociant qui ne paie plus à l'échéance, cesse ses paiements, alors même qu'il conserve l'espérance de les reprendre plus tard. Ses créanciers attendaient de lui des rentrées à jour fixe. Le défaut de paiement à l'échéance les expose au péril d'arrêter leurs paiements à leur tour. Le commerce vit d'exactitude et de ponctualité; le moindre retard le trouble et porte coup. De la part d'un commerçant, suspendre ses paiements, c'est faillir; toutes les précautions prises par la loi contre les faillites deviennent donc nécessaires dès que survient une cessation de paiement. »

1. La loi nouvelle a évité de décomposer dans les éléments le fait complexe de la cessation de paiements. Elle a laissé le tribunal juge de l'ensemble des circonstances qui peuvent le caractériser. (Rapport à la chambre des députés. *Moniteur* du 22 mars 1838.)

2. Pour que la cessation de paiements constitue l'état de faillite, il n'est pas nécessaire qu'elle soit *absolue*, sans quoi le débiteur échapperait à l'état de faillite en faisant ou simulant quelques paiements modiques ou frauduleux. (Répertoire de Favard de Langlade, voy. *Faillite*, § 1er, no 2. Pardessus, *Traité du droit commercial*, no 1101. Cour de Colmar, 3 décembre 1816. Cour de Bourges, 27 août 1824.)

3. On a même jugé que le refus d'acquitter une seule dette constitue l'état de faillite. (Cour de Nîmes, 18 avril 1831.)

prononcée d'office, ni demandée par les créanciers, que dans l'année qui suivra le décès.

4. Du reste l'appréciation faite par les juges de l'état de cessation de paiements, est souveraine et ne peut être attaquée en cassation. (Arrêt de rejet du 19 décembre 1831.)

Cela serait surtout vrai sous la nouvelle loi qui n'énonce pas de circonstances particulières caractéristiques de l'état de faillite.

5. Mais un commerçant n'est pas en faillite par cela seul que son passif excède son actif, si d'ailleurs il paie; et réciproquement, s'il ne paie pas, il est en faillite, quoique son actif excède son passif. (Vincens, *Traité de législation commerciale*, t. I, p. 482. Pardessus, n° 1319. Cours de Colmar, 17 mars 1810, et de Grenoble, 1er juin 1831.)

6. Enfin le commerçant qui ne paie pas ses obligations purement civiles, peut ne pas être déclaré en faillite, si ses obligations commerciales ne souffrent pas. (Boulay-Paty, *Traité des faillites*, nos 23 et 34. Cour de Metz, 17 août 1818.)

Mais Pardessus ajoute que si les obligations civiles et les engagements commerciaux sont en souffrance, il y a faillite pour le tout, et les règles de la faillite s'appliquent sans distinction à toutes ses affaires. N° 1093. Cela est constant.

7. Notez que le renouvellement de billets n'est pas un paiement, et n'empêche pas l'état de faillite. (Cour de Bordeaux, 11 juin 1830.)

8. Relativement à la déclaration de faillite après décès, elle ne peut avoir lieu, bien que la succession soit insolvable, et même dans le cas de suicide, si de fait il n'y a eu cessation de paiements avant le décès. (Discussion à la chambre des députés. *Moniteur* 28 mars 1838. Cours de Lyon, 28 avril 1828, et de Montpellier, 15 février 1836.)

CHAPITRE Ier.

DE LA DÉCLARATION DE FAILLITE, ET DE SES EFFETS (1).

438. Tout failli sera tenu, dans les trois jours de la cessation de ses paiements, d'en faire la déclaration au greffe du tribunal de commerce de son domicile. Le jour de la cessation de paiements sera compris dans les trois jours.

En cas de faillite d'une société en nom collectif, la déclaration contiendra le nom et l'indication du domicile de chacun des associés solidaires. Elle sera faite au greffe du tribunal dans le ressort duquel se trouve le siége du principal établissement de la société.

439. La déclaration du failli devra être accompagnée du dépôt du bilan, ou contenir l'indication des motifs qui empêcheraient le failli de le dé-

(1) On lisait dans l'ancien Code de commerce De l'*ouverture* de la faillite. Le mot *déclaration* est plus exact. La déclaration comporte *ouverture* de plein droit; mais l'*ouverture* peut être reportée à une époque antérieure, c'est-à-dire à celle de la cessation réelle des paiements. (M. Renouard.)

1. Dans le lieu où il n'existe pas de tribunal de commerce, la déclaration de faillite est faite au greffe du tribunal civil qui en remplit les fonctions. (De Villeneuve et Massé, *Dictionnaire du contentieux commercial*, v° *faillite*, n° 8.)

2. La déclaration de faillite peut être rétractée, tant que le jugement déclaratif n'a pas été rendu, en désintéressant les créanciers, et reprenant les paiements. (Boulay Paty, t. I, n° 33.)

3. La déclaration de faillite d'une société en commandite ou anonyme ne doit énoncer ni les noms des commanditaires, ni ceux des actionnaires. (Pardessus, n° 1096.)

poser. Le bilan contiendra l'énumération et l'évaluation de tous les biens mobiliers et immobiliers du débiteur, l'état des dettes actives et passives, le tableau des profits et pertes, le tableau des dépenses; il devra être certifié véritable, daté et signé par le débiteur (1).

440. La faillite est déclarée par jugement du tribunal de commerce, rendu, soit sur la déclaration du failli, soit à la requête d'un ou de plusieurs créanciers, soit d'office. Ce jugement sera exécutoire provisoirement (2).

441. Par le jugement déclaratif de la faillite, ou par jugement ultérieur rendu sur le rapport du juge-commissaire, le tribunal déterminera, soit d'office, soit sur la poursuite de toute partie intéressée, l'époque à laquelle a eu lieu la cessation de paiements. A défaut de détermination spéciale, la cessation de paiements sera réputée avoir eu lieu à partir du jugement déclaratif de la faillite (3).

(1) L'obligation de joindre le dépôt du bilan à la déclaration de faillite est une disposition nouvelle. (Devilleneuve et Massé, nº 14.)

(2) 1. La faillite ne peut être déclarée par une simple ordonnance du président. (Cours de Riom, 4 juillet 1809, et de Rouen, 10 mai 1813.)

2. Les créanciers qui demandent la déclaration de faillite ne sont pas tenus d'assigner le failli. (Cour de Besançon, 13 mai 1808.)

3. Le créancier dont le titre n'est pas échu est recevable à demander la faillite. (Cour de Paris, 22 décembre 1831.)

4. Mais le commanditaire qui n'est pas en même temps créancier ne peut exercer cette action. (Cour de Colmar, 17 mars 1810.)

5. Le débiteur qui n'a qu'un seul créancier ne peut être déclaré en faillite. Ce créancier doit exercer ses actions, telles que de droit. (Cour de Paris, 30 mai 1838.)

(3) 1. Si la faillite est déclarée après décès, le jugemen

442. Les jugements rendus en vertu des deux articles précédents seront affichés et insérés par extrait dans les journaux, tant du lieu où la faillite aura été déclarée que de tous les lieux où le failli aura des établissements commerciaux, suivant le mode établi par l'art. 42 du présent Code (1).

443. Le jugement déclaratif de la faillite emporte de plein droit, à partir de sa date, dessaisissement pour le failli de l'administration de tous ses biens, même de ceux qui peuvent lui échoir tant qu'il est en état de faillite.

A partir de ce jugement, toute action mobilière ou immobilière ne pourra être suivie ou intentée que contre les syndics.

Il en sera de même de toute voie d'exécution tant sur les meubles que sur les immeubles.

Le tribunal, lorsqu'il le jugera convenable, pourra recevoir le failli partie intervenante (2).

déclaratif doit en fixer l'ouverture avant le décès. (Devilleneuve et Massé, nº 20.)

(1) 1. Malgré le silence de cet article, les formalités de l'article 683 du Code de procédure pour la publicité des faillites doivent être observées. (Devilleneuve et Massé, nº 22.)

2. L'affiche du jugement ne peut être constatée par un simple certificat. Il faut un procès-verbal authentique. (Cours de Douai, 27 février 1810, et de Colmar, 17 mars 1810.)

3. Les jugements déclaratifs de faillite rendus par défaut contre le failli sont sujets à péremption pour défaut d'exécution dans les six mois. (Rejet, 26 février 1834.)

(2) 1. L'état de faillite est indivisible ; le failli est dessaisi de tous ses biens sans exception. (Dalloz alphabétique, t. VIII, p. 59, nº 2.

2. Mais la propriété des biens réside toujours sur la tête du failli. (*Ibidem.*)

3. L'administration paternelle du failli sur les biens de ses enfants ne cesse pas par la faillite. (Pardessus, nº 1117.)

444. Le jugement déclaratif de faillite rend exigibles, à l'égard du failli, les dettes passives non échues.

En cas de faillite du souscripteur d'un billet à ordre, de l'accepteur d'une lettre de change ou du tireur à défaut d'acceptation, les autres obligés seront tenus de donner caution pour le paiement à

4. A partir du jugement déclaratif, aucun créancier ne peut isolément exercer des poursuites, et spécialement la contrainte par corps contre le failli. (Cour d'Angers, 21 juillet 1823.)

5. A partir du même jugement, aucune compensation ne peut s'opérer au préjudice de la masse. La faillite vaut saisie-arrêt : c'est un principe. (Cassation, 12 février 1811; 17 février 1813; 10 juillet 1832; 9 août 1838.)

6. Le failli ne peut se prévaloir de son incapacité pour demander la nullité d'obligations par lui contractées depuis sa faillite. Cette incapacité n'existe qu'au profit de ses créanciers. (Cassation, 21 novembre 1827. Cour d'Angers 1er juin 1829.)

7. Il peut même exercer des actions judiciaires dans l'intérêt de la masse, et par exemple se pourvoir contre un arrêt rendu au préjudice de ses syndics, si ceux-ci négligent de l'attaquer. (Rejet, 7 avril 1830.)

8. D'après la même règle, l'action en revendication exercée par le failli ne peut être repoussée par les tiers, sous le prétexte que les syndics seuls auraient eu le droit de l'intenter. (Cours de Poitiers, 29 janvier 1829, et d'Aix, 28 février 1832.)

9. Cet article met fin à la controverse qui existait sous l'ancienne loi sur le droit d'intervention du failli. Il consacre la jurisprudence de la cour de cassation. (Arrêts du 21 novembre 1827, et 8 mai 1838.)

10. Notez que la faillite ne résout pas les engagements pris par le failli, et par exemple, le louage d'ouvrage ou d'industrie. Ainsi, les syndics d'un failli qui s'est obligé à construire un navire, doivent ou achever les constructions ou payer des dommages. (Cour de Rouen, 24 janvier 1826.)

l'échéance, s'ils n'aiment mieux payer immédiatement (1).

445. Le jugement déclaratif de faillite arrête, à l'égard de la masse seulement, le cours des intérêts de toute créance non garantie par un privilége, par un nantissement ou par une hypothèque.

Les intérêts des créances garanties ne pourront être réclamés que sur les sommes provenant des biens affectés au privilége, à l'hypothèque ou au nantissement (2).

446. Sont nuls et sans effet, relativement à la masse, lorsqu'ils auront été faits par le débiteur depuis l'époque déterminée par le tribunal comme étant celle de la cessation de ses paiements, ou dans les dix jours qui auront précédé cette époque (3) :

(1) 1. Les dettes civiles non échues deviennent exigibles sans distinction : civiles, commerciales, chirographaires, hypothécaires ou privilégiées. (Devilleneuve et Massé, nos 124 et 125.)

2. Mais cette exigibilité ne donne au créancier d'autre droit que celui de figurer aux répartitions de l'actif, comme tout porteur de titres échus. (*Ibidem.*)

3. Elle ne produit pas la compensation au profit du créancier. Cela est constant. (Cassation, 17 février 1823.)

(2) 1. Le créancier dont le titre échu avant la faillite ne portait pas intérêt, peut faire courir ces intérêts par une demande en justice. (Rejet, 2 avril 1833.)

(3) Le paragraphe 3, adopté par la chambre des pairs, s'arrêtait à ces mots : « pour dettes non échues. » Ce qui suit a été ajouté par un amendement de la commission de la chambre des députés.

Elle avait dit d'abord : « Et pour dettes échues, tous paiements faits par transport ou vente de tout ou partie des immeubles ou du mobilier du failli. »

Sur le reproche que l'expression *mobilier*, suivant le Code civil, était trop étendue, et contiendrait, par exemple, les effets de commerce, M. Stourm répondait : « Il n'a pas été dans l'intention de la commission de s'opposer aux pai-

Tous actes translatifs de propriétés mobilières ou immobilières à titre gratuit ;

ments qui seraient faits au moyen d'effets de commerce. Elle n'a pas eu l'intention d'annuler un paiement fait de cette manière. Si donc le mot *mobilier* doit être entendu dans ce sens qui lui donnerait une définition trop étendue, la commission renonce à une expression qui pourrait être mal interprétée, et propose de la remplacer par celle-ci : *meubles et marchandises*.

» Ainsi, il est bien entendu que si, d'après la définition du Code civil, le mot *mobilier* peut comprendre les effets de commerce, il est convenable d'y substituer les mots *meubles ou marchandises*. » Cette substitution est consentie par la commission.

Cette rédaction ne satisfit point la chambre. M. Meynard l'attaqua en disant : « Si les paiements en marchandises sont prohibés, vous allez détruire tout d'un coup une des grandes branches du commerce en France. Je conçois qu'une dette qui est contractée par billet ou par lettre de change, quand on l'a payée avec des marchandises, donne lieu à suspicion. Mais vous avez une autre nature de dettes constamment échues, c'est le compte courant. Eh bien ! ces sommes qui s'avancent en compte courant, ne s'avancent, de la part des consignataires, qu'à condition... Je dis donc qu'en assimilant le paiement en marchandises à un paiement fait par la cession d'un immeuble, vous détruirez la moitié du commerce en France. »

M. Moreau (de la Meurthe) fit observer que le mot *meubles* ne rendait pas l'intention de la commission. « Si nous nous reportons, dit-il, à la définition de cette expression *meuble*, nous voyons que l'expression *meuble* ne comprend pas les *pierreries*, les *dettes actives*, les *livres*, *médailles*, etc.

» Ainsi, d'après la rédaction de la commission, les paiements faits en ces objets seraient valables. Telle n'est cependant pas l'intention de la commission. »

En appuyant le renvoi à la commission, pour qu'elle trouvât une expression qui rendît complétement sa pensée, M. le garde-des-sceaux justifiait ainsi la rédaction proposée : « La commission, disait-il, a modifié son amendement en substituant le mot *meubles* au mot *mobilier*. Quelle est la

Tous paiements, soit en espèces, soit par transport,

pensée de cet amendement? C'est que quand un paiement est fait d'une manière extraordinaire par un failli postérieurement à l'époque de la cessation de paiements, s'il y a dans ce paiement extraordinaire un caractère qui puisse indiquer la défiance de la part de celui qui a été payé, on l'annule. Ainsi quand on paie avec des meubles meublants, quand on paie en meubles proprement dits (je ne parle pas de tous les objets qui sont compris dans la définition de la loi), il est évident que cette manière de se libérer est extraordinaire, qu'elle excite la défiance. Si on paie avec des marchandises, non pas dans le cas dont a parlé M. Meynard, mais si en compte courant on solde avec des marchandises qu'on envoie, cette nature de paiement est extraordinaire et éveille la sollicitude du législateur. C'est dans ce sens que la commission a rédigé son amendement. Maintenant on craint que le mot *mobilier* ne soit trop étendu. Je fais remarquer que le mot *meuble* ne l'est pas assez. Le mot *mobilier* paraît trop étendu, et voici pourquoi, c'est que dans les termes du Code civil, le mot *mobilier* comprend l'argent et les effets de commerce, de sorte qu'on peut supposer que les paiements en mobilier ont été faits avec de l'argent ou des effets de commerce, et alors vous serez en contradiction avec l'article 447 qui déclare que les dettes échues ont été valablement payées, lorsque le créancier ne connaissait pas la situation du failli. » M. le garde-des-sceaux s'attacha ensuite à démontrer que le sens du mot *mobilier* est restreint par la disposition de l'article suivant, et qu'on ne doit entendre par cette expression ni les effets de commerce, ni surtout l'argent.

M. Hébert trancha la question en proposant la rédaction actuelle.

« La difficulté, dit-il, s'élève sur la portée trop étendue que quelques-uns de nos honorables collègues craignent de voir attribuer au mot *mobilier*. Il faut en préciser le véritable sens; on pourrait le faire en énumérant les objets qui entrent dans ce mot *mobilier;* mais ce serait trop long. Il y a un moyen plus simple de le préciser, c'est en procédant par voie d'exclusion. Tout le monde reconnait que les seuls paiements valables sont ceux qui sont faits en espèces ou en effets de commerce. Eh bien! mettez dans

vente, compensation ou autrement, pour dettes non

l'article : Tous paiements faits autrement qu'en espèces ou effets de commerce sont nuls. »

M. Meynard, persistant dans son amendement, M. Cunin-Gridaine fit observer « que son admission aurait pour résultat d'entraîner la chambre à procéder par exception ; qu'en pareil cas, les paiements faits en marchandises sont toujours faits en vue de fraude ; que rien n'est plus facile à un débiteur que de favoriser un créancier au préjudice des autres. Il ne pourrait le faire en espèces ou en effets de commerce, mais il lui resterait toujours un certain fonds de marchandises dont il disposerait en faveur de certains créanciers; que la rédaction de M. Hébert aurait pour effet de prévenir ces sortes de fraudes. »

Elle fut adoptée sans autre opposition.

M. Stourm. « L'amendement adopté exclut les immeubles, c'est évident. »

M. le président. « C'est une expression renversée. On ne s'est pas entendu sur l'énumération, on a procédé par exclusion.

» Malgré le rejet de l'amendement de M. Meynard, je crois que l'on ne devrait pas considérer comme frauduleux et annuler de plein droit l'envoi de marchandises fait par un négociant pour solder son compte courant, ou pour en diminuer le débit. En effet, M. Meynard a très-bien démontré que dans ce cas il n'y a aucune fraude, et M. le garde-des-sceaux l'a reconnu. Mais, dira-t-on, les termes de l'article sont formels. Je crois au contraire qu'ils ne sont pas applicables à l'espèce que j'examine ici. Ils parlent de *dettes échues*; or, par cette expression, et toute la discussion l'a démontré, on a voulu parler de dettes contractées à échéance fixe, lorsque cette échéance est arrivée. Le solde d'un compte courant, quoique actuellement exigible, ne présente pas ce caractère. Pourquoi soupçonne-t-on le paiement en marchandises d'une dette échue? C'est parce que cette dette devait être payée en argent, et qu'en la payant en marchandises, on manifeste un état évident de gêne; mais au contraire si entre négociants qui sont en compte courant, les articles de ce compte se composent de remises en argent et de marchandises envoyées et reçues, un dernier envoi de marchandises ne doit pas être plus suspect que les autres. »

échues, et pour dettes échues, tous paiements faits autrement qu'en espèces ou effets de commerce;

Toute hypothèque (1) conventionnelle ou ju-

Le dernier rapport de M. Tripier à la chambre des pairs confirme cette opinion. « Le créancier, y est-il dit, qui, acceptant un mode de libération inusité, reçoit des marchandises ou des effets mobiliers au lieu d'espèces, doit être présumé avoir connu l'embarras de son débiteur et avoir fait fraude à la loi d'égalité qui doit dominer les créanciers. Mais il faut que l'opération ait le caractère d'un véritable paiement, qu'elle ait eu pour objet d'éteindre une dette qui avait été créée en espèces et qui devait être acquittée dans cette valeur. Des envois respectifs de marchandises destinées à se balancer réciproquement n'auraient pas le caractère de paiement prohibé, surtout s'ils avaient été précédés d'une série d'opérations de même nature, qui constateraient de la part des négociants un usage antérieur, auquel ils se seraient conformés sans fraude.

M. Parès a fait remarquer que le mot *compensation* ne devait pas être employé, parce que la compensation n'est possible que relativement aux dettes *exigibles*, et qu'il s'agit dans le paragraphe de dettes *non échues*. Il a ajouté avec raison qu'il y a un très-grand danger, quand un mot existe dans les lois avec une définition rigoureuse, de le mettre avec une autre définition qu'on ne donne pas, en l'appliquant à d'autres faits.

M. le président a répondu : « L'article ne parle que d'une compensation conventionnelle. »

Sans doute, cela est vrai, et le sens de cette partie de l'article ne peut être douteux; mais l'observation de M. Parès n'en est pas moins très-juste et plus importante qu'on ne croit. Il serait bon de donner au langage législatif une précision et une exactitude rigoureuse. Le mot *compensation* s'entend de la compensation légale; dans le Code civil, on chercherait vainement l'expression *compensation conventionnelle,* il faudrait dire *dation en paiement.*

(Note de M. Duvergier.)

(1) La nouvelle rédaction de la chambre des pairs, qui n'annule que les hypothèques consenties pour dettes an-

diciaire et tous droits d'antichrèse ou de nantissement antérieures, a éprouvé une vive opposition à la chambre des députés.

« Je demande, a dit M. Pascalis, que la présomption de fraude soit généralisée, et qu'il soit déclaré, sans restriction, que toute hypothèque ou antichrèse, et tout nantissement consenti dans cet intervalle de temps rentre sous l'application de la même règle, quelle que puisse être la date à laquelle se rapporteront les créances dont ces obligations formeront les stipulations accessoires. En un mot, c'est la législation actuelle qui, sur ce point, me paraît devoir être préférée à une innovation très-grave que le projet propose d'introduire... »

« Le projet se démentirait lui-même si, après avoir placé sous la présomption de fraude les actes les plus suspects, il évitait de comprendre dans cette classe les hypothèques et les nantissements. La distinction qui est faite entre celles de ces conventions qui sont stipulées pour sûreté de dettes antérieures et celles qui garantissent de nouvelles dettes, ne serait pas motivée et ne reposerait sur aucune raison. Dans le moment où le malheur donne au débiteur les plus funestes conseils, auxquels des considérations de famille prêtent toujours de plausibles prétextes, on lui présenterait une nouvelle et trop facile occasion de succomber. Une telle loi serait à la fois imprévoyante, injuste et immorale ; ce serait sans motifs et sans précédents capables de justifier un tel changement, qu'on la substituerait à la loi actuelle. Enfin cette protection accordée aux conventions qui jusqu'à ce jour ont été frappées d'une défaveur méritée, couvrirait le plus ordinairement les spéculations que l'avidité et l'usure auraient imposées au négociant réduit à la dernière extrémité et prêt à tous les sacrifices, soit pour se créer des ressources dont il devrait abuser, soit pour éviter le déshonneur d'une faillite. »

M. Teste a appuyé l'amendement. Il s'est élevé contre le système de la commission. Il lui a reproché de sacrifier les intérêts des créanciers, et d'apporter trop de bénignité dans la matière des faillites.

« Vous avez reconnu, a dit l'orateur, la nécessité de stigmatiser dès le principe certains actes qui sont entachés de fraude par leur objet, par leur nature. (Non ! non... Pas plus que les actes gratuits.) »

tissement constitués sur les biens du débiteur

M. le rapporteur. « Ce sont les avantages et les dons à titre gratuit. »

« Pardon, monsieur le rapporteur! Je m'étais servi du mot *acte,* et vous reconnaissez bien qu'il s'applique aux dispositions à titre gratuit.

» Ce n'est pas tout : vous reconnaissez qu'il y a des actes qui portent en eux-mêmes les caractères de la défiance. Ainsi vous annulez les actes à titre gratuit; vous annulez même les paiements anticipés d'une dette sincère. Tout à l'heure vous venez d'annuler les paiements opérés en marchandises. Voilà des actes qui vous ont paru suspects; seulement vous avez réservé votre indulgence pour les prêts sur hypothèque faits à un négociant. »

M. le rapporteur. « Faits moyennant argent comptant. »

« Je le veux bien. Je dirai seulement à cet égard qu'une dette peut avoir préexisté, consister en comptes courants. On liquide, on solde, et à quelques jours de là, un peu plus tôt, un peu plus tard, on fait un acte hypothécaire moyennant argent prêté, et vous êtes en présence d'un acte que vous réputez valable jusqu'à la preuve impossible de mauvaise foi. »

M. le rapporteur a répondu : « L'amendement qu'on vient de soutenir, et qui a été rejeté par la chambre en 1835 après une discussion très-approfondie, et qui a été également rejeté par la chambre des pairs depuis, aurait cet étrange résultat de considérer comme valable le prêt hypothécaire, le prêt fait sous la condition hypothécaire et d'annuler l'hypothèque, qui est la condition du prêt, en sorte que, dans un acte fait à un jour donné, on scinderait cet acte, on déclarerait le prêt valable, et on annulerait l'hypothèque qui est la condition du prêt. Cette contradiction, messieurs, suffit peut-être pour vous mettre à portée d'apprécier la valeur de cet amendement. »

M. Teste. « Vous le faites bien pour les actes antérieurs. »

M. le rapporteur. « Nous ne le faisons pas du tout pour les actes antérieurs, et je vais vous expliquer le système qu'a adopté la commission.

» L'amendement de M. Pascalis s'attaque en effet à tout le système du projet, sur les actes faits dans le temps intermédiaire entre la cessation de paiement et la faillite déclarée, la faillite officielle.

pour dettes antérieurement contractées (2).

» Quel est le système du projet? c'est de respecter, pendant tout le temps que le failli n'est point dessaisi de fait, et qu'il est à la tête de ses affaires et continue l'exploitation de son commerce, c'est de respecter les actes qu'il a pu faire avec des tiers moyennant argent comptant, et toutes les fois que ces tiers ne connaissent pas l'état de cessation des paiements. C'est là le système qui résulte de l'article 447 qui suit celui que nous discutons. Eh bien! je me place dans ce système, et je dis que le prêt hypothécaire, comme tous les autres actes, peut avoir été fait de bonne foi et qu'il tombe dans le cas de l'article 447, qui n'annule qu'autant que la fraude est prouvée, non-seulement contre le failli, mais contre les tiers qui ont traité avec lui. Voici la distinction fondamentale telle que l'a faite le système du projet, c'est de n'annuler que les actes gratuits, et en outre tout avantage fait au profit d'un ancien créancier au moyen d'hypothèques qui lui sont données postérieurement à la cessation des paiements, et qui, au moment où elles sont données, sont un avantage véritablement gratuit, un avantage aux dépens de la masse.

» Mais lorsqu'il s'agit d'actes nouveaux qui entrent dans la continuation des affaires du failli, d'actes qui sont faits au moyen d'argent comptant, nous les validons et l'on vous propose un système dans lequel il s'agit d'annuler le prêt hypothécaire fait le même jour où vous respecterez une vente d'immeubles faite par le failli, car on ne pousse pas l'amendement jusqu'à annuler la vente d'immeubles faite par le failli. »

M. Teste. « Et pourtant la vente d'immeubles est en effet annulée. »

M. le rapporteur. « Elle ne l'est nullement; la vente d'immeubles est parfaitement valable comme les autres ventes faites au moyen d'argent comptant. »

M. Persil a aussi attaqué le système de la commission.

« Jusqu'à présent, a-t-il dit, nous avons vécu dans cette pensée, que les actes faits dans les dix jours étaient frappés de nullité. Jamais il n'y a eu de réclamations, jamais de décisions contraires n'ont été portées par les tribunaux. Eh bien! aujourd'hui le nouveau projet, sous prétexte d'une modification qui n'a jamais été réclamée, propose de dé-

447. Tous autres paiements faits par le débiteur

clarer valables les hypothèques données dans les dix jours, les transports, les cessions, etc. J'ai dit que la loi actuelle propose d'abroger la disposition du Code de commerce. Je vais plus loin, le projet propose d'abroger une disposition analogue du Code civil. Le Code de commerce dit, art. 443 : « Nul ne peut acquérir privilége et hypothèque dans les dix jours de l'ouverture de la faillite. »

» Le Code civil va plus loin; il veut qu'on ne puisse pas prendre inscription dans les dix jours qui précèdent la faillite (art. 2146). Ainsi, vous aviez une hypothèque antérieure aux dix jours, d'après le Code de commerce elle est valable; mais comme elle ne peut avoir rang que par l'inscription, le Code civil intervient et dit que vous ne pouvez prendre inscription dans les dix jours. Par la nouvelle loi, vous abrogez d'un seul coup la disposition du Code de commerce et celle du Code civil. Gardons-nous donc bien, messieurs, de revenir sur nos lois, et surtout sur une loi qui a été faite avec autant de soin que le Code civil; ne l'abrogeons pas, puisque personne ne réclame. Je comprends que, lorsqu'il y a abus démontré par l'expérience, lorsqu'il y a réclamation de la part des tribunaux ou des justiciables, je comprends qu'on puisse examiner s'il y a lieu à abroger. Mais la loi contre laquelle personne n'a réclamé, qui ne présente aucun inconvénient, vous voulez l'abroger. Pourquoi? Je le demande.

» Ce qu'on vous propose d'insérer dans la loi, servirait à faire de la loi actuelle l'acte le plus contradictoire. Vous allez voir qu'à côté des actes qu'on annule, on maintiendrait des actes qui seraient cent fois pires que ceux qu'on veut annuler.

» Vous avez déjà décidé, en adoptant le dernier paragraphe de l'article 446, qu'on ne pourra pas faire de paiement pour dette échue avec des marchandises.

» Voici ce qui va arriver, si vous maintenez la disposition qu'on vous propose : on ne pourra pas vendre la marchandise. »

M. J. Lefebvre. « On ne pourra pas la donner. »

« On ne pourra pas la donner, si vous voulez, on ne pourra pas la donner à celui à qui l'on doit; mais, d'après l'honorable M. J. Lefebvre, on pourra la lui vendre. »

M. le rapporteur. « Il y a fraude alors. »

pour dettes échues, et tous autres actes à titre oné-

Une voix. « On ne peut la vendre qu'à un tiers. »

— « On pourra la vendre à un tiers, soit; mais voyez cette singularité, on ne veut pas que le débiteur puisse donner en paiement sa marchandise; il l'a vendra à un tiers, et en donnera le prix à son créancier.

» On vous propose d'interdire l'hypothèque pour les dettes antérieures; ainsi le failli ne pourra pas, dans l'intervalle de la cessation de paiements et de la déclaration de faillite, faire une constitution d'hypothèque pour une dette ancienne. Personne ne conteste cela. Mais voyez la contradiction qui va naître de la disposition additionnelle; vous allez permettre l'hypothèque en faveur d'un autre. On en usera, et les derniers emprunts serviront à payer celui en faveur de qui n'aura pas pu être stipulée cette même hypothèque. »

L'orateur terminait en proposant l'adoption de l'art. 446, en tant qu'il s'appliquerait aux créances antérieures à la cessation des paiements; et, quant aux hypothèques données nouvellement pour des obligations nouvelles, il proposait un article qui s'appliquerait aux paiements, aux hypothèques et priviléges, aux actes onéreux qui seraient contractés dans les vingt jours de la déclaration de la faillite. Il soutenait que son amendement remédierait aux abus des deux systèmes absolus de la commission et de M. Pascalis.

Cet amendement, renvoyé à l'article 447, a été rejeté, par la raison qu'il reproduisait le système rejeté en 1835, qui obligerait le tiers qui a contracté avec le failli à faire une preuve négative.

(2) On a émis un doute sur le sens des mots : « pour dettes antérieurement contractées. »

« De quelles dettes s'agit-il? a-t-on dit. Si on nous parle de la dette contractée antérieurement au contrat constitutif d'hypothèque, il est possible que la dette ait été contractée depuis la date de la cessation de paiements, qu'on ai conçu des doutes sur la solvabilité du débiteur, et que les créanciers alors lui auront demandé hypothèque. Ainsi il faut savoir si on entend par ces mots : dettes antérieurement contractées, des dettes qui seraient antérieures au contrat constitutif d'hypothèque. »

M. le rapporteur a répondu que ces expressions s'appli-

reux par lui passés après la cessation de ses paiements et avant le jugement déclaratif de faillite (1),

quent à toutes dettes contractées antérieurement à la constitution d'hypothèque.

Il ne faut pas au surplus confondre la constitution de l'hypothèque et l'inscription. Voy. pour l'inscription l'article 448.

1. Les actes n'ayant pas date certaine avant les dix jours, peuvent être considérés comme nuls. (Cour de Metz, 17 août 1818.)

2. Tous les actes faits par le failli depuis la publication du jugement qui a déclaré la faillite, sont absolument nuls à l'égard de la masse; ces tiers ne pouvant être de bonne foi. (Devilleneuve et Massé, n° 168.)—Cela est conforme au principe que tout individu qui contracte doit connaître la capacité de celui avec qui il traite.

3. Il en est de même des condamnations obtenues contre le failli depuis le jugement déclaratif. (Favard de Langlade, voy. *faillite*, § 5, n° 4.)

4. Notez du reste que le failli qui a escompté ses propres effets dans les dix jours qui précèdent la cessation de ses paiements, a fait un paiement anticipé et nul. (Pardessus, n° 1140.)

(1) En 1835, l'article fut adopté en ces termes : « Sont » nuls, tous les actes ou paiements faits, à quelque époque » ou à quelque titre que ce soit, en fraude des droits des » créanciers.

» Tous actes ou paiements faits par le débiteur dans » l'intervalle qui s'est écoulé entre l'ouverture de la faillite » et le jugement qui l'aura déclarée, pourront être annulés » s'ils ont eu lieu, soit de mauvaise foi, soit avec connais- » sance de la part de ceux qui ont traité avec le failli, du » mauvais état de ses affaires.

» Dans le cas où il y aurait lieu à rapport pour des » lettres de change échues entre l'ouverture de la faillite » et le jugement qui la déclare, l'action en rapport ne » pourra être intentée que contre celui pour le compte » duquel la lettre de change a été fournie.

» S'il s'agit d'un billet à ordre, l'action en rapport ne » pourra être exercée que contre le premier endosseur. »

On fit remarquer, sur le deuxième paragraphe, que le

pourront (2) être annulés si, de la part de ceux qui ont

projet semblait emprunter cette disposition au Code de commerce (art. 445); que, néanmoins, il y avait une différence notable; qu'en effet, le Code disait : *Tous actes ou engagements*, au lieu que le projet portait : *Tous actes ou paiements*. Cette circonstance, ajouta-t-on, de la substitution du mot *paiement* au mot *engagement*, fait une grande différence; car l'engagement n'est pas un fait qui s'accomplit actuellement, mais un fait qui doit s'accomplir plus tard, au lieu que le paiement est un fait qui s'opère à présent.

M. Fould ajouta que, pour que l'article fût complet, il faudrait ajouter *engagements;* « c'est, dit-il, un terme plus général. »

M. le garde-des-sceaux répondit : « Comme vous voudrez; je crois que le mot actes comprend celui d'engagements. Si pour vous satisfaire, il faut ajouter ce mot d'engagements, je le veux bien, mais cela n'ajoute rien; c'est un mot inutile.

» On dit encore que l'article de la commission ne disait pas tous actes, tous engagements pour faits de commerce; que c'était là cependant une grande différence entre l'art. 445 du Code de commerce et la disposition actuelle. On demandait, en conséquence, qu'il fût déclaré s'il y avait ou non innovation au droit civil, ou bien si l'on avait voulu régler seulement le sort des actes de commerce. « Entend-on, dit M. Dupin, tout acte et engagement d'une manière absolue? »

« Oui, a répondu le rapporteur, d'une manière absolue. »

« Alors, vous innovez au droit civil, a dit M. Lherbette. Le Code de commerce ne parlait que des engagements de commerce; il n'énumérait que ceux-là; il laissait tout à fait en dehors les engagements civils. Aujourd'hui votre projet va confondre le droit civil et le droit commercial. Je crois que nous ne devons statuer que sur le Code de commerce et laisser tout à fait en dehors les engagements civils, sinon vous pourrez vous lancer dans une foule de questions épineuses. »

L'orateur a été renvoyé à l'article 443.

« Il n'y a rien là, a-t-on dit, qui soit borné aux actes commerciaux; c'est une mesure générale. »

Plus tard, et à l'occasion de la citation faite par le garde-

reçu du débiteur ou qui ont traité avec lui, ils ont

des-sceaux, d'un arrêt de Bordeaux, portant que « les paiements faits par le failli, le jour même de la faillite, sont nuls, sans distinction de l'heure à laquelle ils ont été faits; que les sommes ainsi reçues doivent être rapportées à la masse, » M. Lherbette a soulevé de nouveau la question. Il a dit: « Sont-ce des paiements faits pour effets de commerce? »

Voix nombreuses. « Qu'est-ce que cela fait? »

M. le garde-des-sceaux. « Je ne comprends pas l'observation. Que ce soient des effets de commerce ou non, la question est la même; ce qui appartient au failli est le gage des créanciers. »

M. Toussin. « Je demande à faire une observation. Il peut arriver qu'un propriétaire voulant prêter de l'argent sur hypothèque, se transporte chez un notaire; que là, il ne trouve point l'inscription hypothécaire sur un bien, et qu'il prête de bonne foi; eh bien! je demande à présent si on va annuler un paiement de cette nature-là? »

M. le président. « Il y a un article à part. »

M. Toussin. « Dès l'instant que vous direz : tous actes et engagements, dès qu'un individu empruntera de l'argent dans un délai donné, il y aura engagement. Eh bien! quand un propriétaire donnera son argent, parce que d'après le Code civil il aura toutes garanties, viendrez-vous annuler son hypothèque? »

M. Teste. « Sans hésiter, je réponds que cette hypothèque est nulle, et je dis qu'un engagement de cette nature réclame la nullité à plus forte raison. Il ne faut pas perdre de vue que rien n'est moins commun, que rien n'est plus propre à altérer le crédit que des emprunts hypothécaires faits par des négociants. Aussi, tous ceux qui sont jaloux de leur réputation, tous ceux qui veulent conserver leur crédit intact évitent-ils avec soin de donner des garanties pareilles et de faire ainsi des actes qui seraient un avertissement de leur position chancelante.

» Je ne vois pas, d'ailleurs, pourquoi on ferait une exception en faveur de celui qui aurait exigé d'un négociant des garanties plus étroites, des garanties matérielles, et aurait indiqué par là qu'il n'avait pas de foi en sa signature marchande.

» Si vous établissez de pareilles distinctions dans la dis-

eu lieu avec connaissance de la cessation de ses paiements.

cussion du passif d'une faillite, vous établissez des inégalités monstrueuses, et vous ne tarderez pas à vous repentir de votre ouvrage. »

Les exceptions posées à la disposition par les troisième et quatrième paragraphes de cette première rédaction forment maintenant l'article 449.

(2) M. Sevaistre proposait à la chambre des députés de dire *devront être* au lieu de *pourront*. Il motivait ce changement d'expression, en disant que : « Dans le cas où il y aurait quelque doute que les créanciers ont eu connaissance de la cessation de paiement, le tribunal pourrait se croire autorisé par le mot *pourront* à ne pas annuler les paiements. »

Cette proposition a donné occasion à M. le rapporteur d'expliquer le sens attaché au mot *pourront* qui est resté dans l'article.

« L'amendement consiste, a-t-il dit, à mettre dans l'article le mot *devront* au lieu de celui de *pourront*. Nous ne voyons pas un grand inconvénient à l'adoption de l'amendement; permettez-moi cependant d'expliquer que, par le mot *pourront*, nous avons voulu laisser aux juges appréciateurs des faits une grande latitude; et comme cet article contient toute espèce d'actes, ils pourraient se rapporter à des actes du petit commerce, de la petite boutique, qui se trouveraient, par la généralité de l'article, enveloppés dans l'annulation. Nous avons voulu laisser à la sagesse des tribunaux le droit d'apprécier les circonstances.

» Comme nous pensons, au reste, que la jurisprudence sera toujours assez éclairée pour distinguer les actes qui portent préjudice à la masse de ceux qui n'ont point cet effet, nous ne verrions pas grand inconvénient à l'adoption de l'amendement. »

M. Barbet. « C'est précisément pour la circonstance citée par M. Sevaistre qu'il faut conserver le mot *pourront* et laisser au tribunal la faculté d'apprécier les faits. »

M. Martin (de Strasbourg). « Je crois qu'il y a une bonne raison pour préférer *pourront* à *devront*, parce que l'article 447 atteint des actes à titre onéreux. Or, il est possible que tel acte ait été consommé et n'ait pas porté préjudice

448. Les droits d'hypothèque et de privilége valablement acquis, pourront être inscrits jusqu'au jour du jugement déclaratif de la faillite.

Néanmoins, les inscriptions prises après l'époque de la cessation de paiements ou dans les dix jours qui précèdent, pourront être déclarées nulles, s'il s'est écoulé plus de quinze jours entre la date de l'acte constitutif de l'hypothèque ou du privilége et celle de l'inscription.

à la masse. Dans ces cas donc, il faut que le juge ne soit pas obligé à annuler, et que les syndics ne soient pas forcés à demander l'annulation ; ce n'est qu'autant qu'il y aura eu préjudice pour les créanciers que les juges devront annuler. Il faut donc laisser le mot *pourront.* »

L'amendement n'a pas été appuyé.

1. Les paiements de dettes échues faits antérieurement à la cessation de paiements et même dans les dix jours qui précèdent cette cessation, ne sont annulables que dans les termes du droit commun. (Devilleneuve et Massé, nº 181.)

Il en est de même des actes onéreux.

2. Pourvu que ce soit sans fraude. Et les caractères de la fraude consistent spécialement dans ce fait que le créancier aurait eu connaissance de la cessation de paiements. (*Ibidem.*)

3. La femme du failli est présumée de droit avoir eu cette connaissance. (Cour de Colmar, 30 juillet 1819.)

4. Si celui qui a contracté frauduleusement avec le failli a fourni une valeur quelconque, il figure dans la masse pour cette valeur. (Pardessus, nº 1119.)

5. Mais les actes faits par le failli ne sont annulables qu'autant qu'ils préjudicient à la masse. Ils ne peuvent être annulés sur la demande des tiers. (Cour de Bruxelles, 24 décembre 1818.)

6. L'emprunt fait par le failli, à quelque époque que ce soit, n'est pas nul, s'il est d'ailleurs sérieux et réel. (*Moniteur* du 13 mars 1838.)

7. La faillite ne résout pas les ventes faites par le failli. Les syndics peuvent forcer l'acheteur à prendre livraison. (Rejet, 5 août 1812.)

Ce délai sera augmenté d'un jour à raison de cinq myriamètres de distance entre le lieu où le droit d'hypothèque aura été acquis et le lieu où l'inscription sera prise (1).

449. Dans ce cas où des lettres de change auraient été payées après l'époque fixée comme étant celle de la cessation de paiement et avant le jugement déclaratif de faillite, l'action en rapport ne pourra être intentée que contre celui pour compte duquel la lettre de change aura été fournie.

S'il s'agit d'un billet à ordre, l'action ne pourra être exercée que contre le premier endosseur.

Dans l'un et l'autre cas, la preuve que celui à qui on demande le rapport avait connaissance de la cessation de paiement à l'époque de l'émission du titre devra être fournie (2).

(1) 1. L'obj t de cet article a été de résoudre les questions nombreuses élevées sous l'ancien Code sur la validité des inscriptions prises avant la faillite. On a laissé aux juges la faculté d'annuler les inscriptions tardives, selon les circonstances. (*Moniteur*, 31 mars 1838.)

2. Quant aux renouvellements d'inscriptions prises précédemment, ils ont toujours été considérés comme valables. (Pardessus, n° 1136.)

3. Le créancier hypothécaire qui a pris une inscription tardive est soumis au concordat.

(2) Les dispositions de cet article qui formaient les troisième et quatrième paragraphes de l'article 444 du projet de 1835, ont été proposées par M. J. Lefebvre.

« M. le garde-des-sceaux, dit-il, a fait cette supposition : des lettres de change ont été protestées hier, des lettres de change ont été protestées avant-hier; aujourd'hui un autre porteur se présente, il est payé.

» M. le garde-des-sceaux a signalé une semblable position comme indiquant la mauvaise foi. Il serait possible que les tribunaux de commerce, adoptant la manière de voir de M. le garde-des-sceaux, déclarassent qu'en pareil cas il y a mauvaise foi. Telle serait alors la condition du porteur qui aurait cependant reçu à l'échéance.

450. Toutes voies d'exécution pour parvenir au paiement des loyers sur les effets mobiliers servant à l'exploitation du commerce du failli seront suspendues pendant trente jours, à partir du jugement déclaratif de faillite, sans préjudice de toutes mesures conservatoires, et du droit qui serait acquis au propriétaire de reprendre possession des lieux loués.

» Il se serait démuni du titre, il aurait reçu le paiement, parce qu'il ne pouvait pas le refuser, et il lui aurait été impossible de faire un projet. Eh bien ! en vertu de la loi que vous faites, il rapporterait la somme reçue sans pouvoir recourir contre les obligés antérieurs. C'est cet inconvénient très-grave, c'est cette injustice que mon amendement a pour objet de prévenir. Je dis qu'en pareil cas, c'est le tireur qui est le véritable obligé. »

Ce ne fut qu'après une vive discussion que cette addition fut adoptée.

La chambre des pairs en fit l'article 449 de la loi.

Cet article n'a point éprouvé d'opposition à la chambre des députés. Voici en quels termes le rapporteur de sa commission le justifiait :

« Mais la disposition de l'article 447 qui autorise à rechercher les paiements faits par le débiteur avant la déclaration de sa faillite reçoit une exception en faveur des tiers porteurs d'effets négociables, qui n'étant admis par la législation ni à protester contre le paiement qui leur serait offert, ni par conséquent à exercer les recours subordonnés à la condition du protêt, ne pourraient sans injustice être déclarés responsables de la validité d'un paiement qu'ils sont tenus de recevoir. La loi ne soumet au rapport que le tireur de la lettre de change ou le donneur d'ordre qui profite en définitive du paiement, et ils ne sont soumis au rapport, conformément à la règle établie dans l'art. 447, que dans le cas où ils ont eu connaissance de la cessation de paiement. Le projet de loi laisse indécise la question de savoir à quelle époque cette connaissance doit avoir lieu pour obliger au rapport. Votre commission a pensé que cette époque qu'il faut préciser est celle de l'émission du titre. Le tireur ou le donneur d'ordre n'est plus maître de ce qui arrive après, et ne doit point être responsable de ce qu'il ne peut empêcher. » (*Mon.* du 22 mars 1838, 2e suppl., p. 646, 2e col., *in princip.*)

Dans ce cas, la suspension des voies d'exécution établie au présent article cessera de plein droit (1).

CHAPITRE II.

DE LA NOMINATION DU JUGE-COMMISSAIRE.

451. Par le jugement qui déclarera la faillite, le tribunal de commerce désignera l'un de ses membres pour juge-commissaire.

452. Le juge-commissaire sera chargé spécialement d'accélérer et de surveiller les opérations et la gestion de la faillite.

Il fera au tribunal de commerce le rapport de toutes les contestations que la faillite pourra faire naître, et qui seront de la compétence de ce tribunal (2).

(1) 1. Le bailleur d'un immeuble peut exiger un cautionnement en cas de faillite du locataire, ou demander la résiliation du bail. (Rejet, 16 décembre 1807.)

2. Il en est de même du locateur d'objets mobiliers importants. (Cour de Paris, 16 août 1825.)

3. Si le bailleur fait faillite, le locataire que cette faillite empêche de jouir peut demander une déduction sur ses loyers. (Rejet, 29 novembre 1832.)

(2) On a demandé la suppression des mots : « et qui seront de la compétence de ce tribunal, » motivée sur ce que le juge-commissaire serait juge de la compétence.

« Il faut, disait-on, que le juge-commissaire fasse le rapport de toutes les contestations qui s'élèveront dans le cours de la faillite, et ce sera au tribunal à décider quelles sont celles de sa compétence. »

M. Dufaure. « Nous sommes tous d'accord sur la pensée de l'article ; je crois que la suppression aurait cet inconvénient que le juge-commissaire se croirait obligé de faire un rapport au tribunal de commerce, sur des objets dont il est juge pleinement et entièrement ; il est donc besoin d'exprimer qu'il n'est pas tenu de faire rapport de tout ce

433. Les ordonnances du juge-commissaire ne seront susceptibles de recours que dans les cas prévus par la loi. Ces recours seront portés devant le tribunal de commerce (1).

434. Le tribunal de commerce pourra, à toutes les époques, remplacer le juge-commissaire de la faillite par un autre de ses membres (2).

qui s'élève dans une faillite dont il est le surveillant. Je ne crois pas qu'il puisse y avoir de doute sur les mots qui terminent l'article, et la chambre ne s'engage pas en les conservant. »

L'amendement a été rejeté. Ainsi une difficulté s'élève; si elle est de nature à être tranchée par le juge-commissaire seul, il ne fait point de rapport, il statue. Si, au contraire, la question n'est pas de nature à être jugée par le juge-commissaire seul, il devra faire son rapport, et il ne pourra point s'en dispenser, parce que, dans son opinion, le débat ne serait pas de la compétence du tribunal de commerce et devrait être soumis aux tribunaux civils. Il faudra que même dans cette hypothèse il fasse son office de rapporteur, sauf à dire dans son rapport ce qu'il croira convenable pour établir l'incompétence du tribunal de commerce et sauf au tribunal lui-même à se déclarer incompétent.

Le tribunal peut-il, dans des circonstances où il le jugerait convenable, juger sans rapport préalable? M. Ganneron proposait un amendement dans le sens affirmatif. Cet amendement a été rejeté.

1. Le juge-commissaire a voix délibérative dans toutes les affaires jugées sur son rapport. (Cour de Rouen, 16 février 1829.)

2. Mais il doit s'abstenir, lorsqu'on attaque une de ses ordonnances. (Devilleneuve et Massé, n° 247.)

(1) 1. Mais en cas d'excès de pouvoir, on peut attaquer les ordonnances du juge-commissaire devant le tribunal de commerce. (Devilleneuve et Massé, n° 245.)

(2) 1. Le juge-commissaire pourra être remplacé sur la demande des syndics ou des créanciers qui articuleraient contre lui des négligences, excès de pouvoir ou prévarications. (Devilleneuve et Massé, n° 248.)

CHAPITRE III.

DE L'APPOSITION DES SCELLÉS ET DES PREMIÈRES DISPOSITIONS A L'ÉGARD DE LA PERSONNE DU FAILLI.

455. Par le jugement qui déclarera la faillite, le tribunal ordonnera l'apposition des scellés et le dépôt de la personne du failli dans la maison d'arrêt pour dettes, ou la garde de sa personne par un officier de police ou de justice, ou par un gendarme.

Néanmoins, si le juge-commissaire estime que l'actif du failli peut être inventorié en un seul jour, il ne sera point apposé de scellés, et il devra être immédiatement procédé à l'inventaire.

Il ne pourra, en cet état, être reçu, contre le failli, d'écrou ou recommandation pour aucune espèce de dettes (1).

456. Lorsque le failli se sera conformé aux articles 438 et 439, et ne sera point, au moment de la déclaration, incarcéré pour dettes, ou pour autre cause, le tribunal pourra l'affranchir du dépôt ou de la garde de sa personne.

La disposition du jugement qui affranchirait le failli du dépôt ou de la garde de sa personne pourra toujours, suivant les circonstances, être ultérieure-

(1) 1. Il ne peut être reçu d'écrou ni de recommandation contre le failli pour aucune espèce de dettes civiles ou commerciales. (Cour de Riom, 25 mai 1829.)

2. Mais il peut en être reçu pour dette criminelle ou correctionnelle. (Devilleneuve et Massé, n° 312.)

3. On doit ordonner le dépôt du failli dans une maison d'arrêt, quand même il serait déjà en prison comme banqueroutier. (Rejet, 9 novembre 1824.)

ment rapportée par le tribunal de commerce, même d'office (1).

(1) Les articles 455 et 466 du Code de commerce prescrivaient d'une manière absolue le dépôt du failli dans la maison d'arrêt pour dette, ou la garde de sa personne par un officier de police ou de justice, ou par un gendarme; mais ils autorisaient sa mise en liberté avec sauf-conduit.

M. Renouard, dans son rapport, a fait remarquer que ce système avait de graves inconvénients; que, d'une part, et à raison de sa rigueur, il restait sans exécution; que, d'un autre côté, les faillis pour se soustraire à la détention ou à la garde provisoire, s'absentaient jusqu'à ce qu'ils eussent obtenu un sauf-conduit, et laissaient ainsi les agents de la faillite sans renseignements, dans le moment où ils sont ordinairement le plus nécessaires.

« Le projet, a ajouté M. le rapporteur, a voulu éviter ces reproches, et permettre en certains cas que les faillis fussent affranchis des dépôts sans être obligés de subir les délais et les formes d'une obtention de sauf-conduit. On a pensé pouvoir mettre pour condition à cet affranchissement la déclaration spontanée de faillite, avec remise volontaire du bilan; ces déclarations en effet ne sauraient être trop encouragées....... C'est donc une disposition prévoyante et équitable, que celle qui, dans les cas de déclaration volontaire par le failli, permet au tribunal de l'affranchir du dépôt ou de la garde de sa personne. Sous le Code, un peu plus de la moitié des faillites judiciaires (7857 sur 12272) ont eu lieu en dix ans sur la déclaration du failli, ou le dépôt par lui de son bilan. Le projet de loi, en favorisant davantage la déclaration et le dépôt, aura pour effet de faire régler judiciairement beaucoup de faillites dont, sous le Code, créanciers et débiteurs conspiraient à enlever la connaissance aux tribunaux. »

Enfin, M. Renouard a présenté des explications fort importantes touchant les effets de la faillite sur la contrainte par corps.

« La déclaration, a-t-il dit, cesse d'être volontaire, et de pouvoir profiter au failli, lorsque, déjà incarcéré pour dettes, il ne se constitue en faillite qu'afin de se soustraire à la contrainte par corps.

» En ce cas, l'état de faillite fait tomber les effets de ces

457. Le greffier du tribunal de commerce adressera, sur-le-champ, au juge de paix, avis de la disposition du jugement qui aura ordonné l'apposition des scellés.

Le juge de paix pourra, même avant ce jugement, apposer les scellés, soit d'office, soit sur la réquisition d'un ou plusieurs créanciers, mais seulement dans le cas de disparition du débiteur ou de détournement de tout ou partie de son actif (1).

contraintes par corps qu'entraînait le jugement en vertu duquel l'incarcération a eu lieu, et c'est par ce motif que le projet (voy. dernier alinéa de l'art. 455) ne permet de recevoir aucun écrou ou recommandation pour aucune espèce de dettes. L'art. 455 du Code ne les interdisait que lorsqu'ils seraient résultés d'un jugement du tribunal de commerce. Ce principe est trop évident pour qu'il soit nécessaire d'en faire plus ample mention dans la loi et d'ajouter, ce qui est de droit et d'usage, que l'effet des contraintes par corps cesse par la faillite. La contrainte par corps instituée pour arriver à la découverte des ressources cachées du débiteur, n'a plus d'effet lorsque, dessaisi de l'administration de ses biens, il n'est plus maître de disposer de rien, obligé qu'il est de tout livrer à la masse de ses créanciers. Mais de ce que la contrainte par corps perd son effet, il ne s'ensuit pas que le failli puisse être dispensé du dépôt; car il ne s'est déclaré en faillite que pour libérer sa personne, et non pour diminuer la perte de ses créanciers.

« En même temps que les affranchissements de dépôt sont permis, avec faculté toutefois pour le tribunal de rapporter même d'office le jugement qui les accorderait, le projet a aussi voulu que l'exécution des jugements qui ordonnent le dépôt fût plus sérieuse que dans la pratique actuelle qui, en beaucoup de lieux, a laissé tomber cette mesure en désuétude. L'article 461 (466) charge expressément de cette exécution le ministère public ou les syndics de la faillite. »

(1) 1. L'ancien article 450 autorisait le juge de paix à apposer les scellés sur la *notoriété*. Cette circonstance ne suffit plus aujourd'hui. (Devilleneuve et Massé, nº 328.)

458. Les scellés seront apposés sur les magasins, comptoirs, caisses, portefeuilles, livres, papiers, meubles et effets du failli.

En cas de faillite d'une société en nom collectif, les scellés seront apposés, non-seulement dans le siége principal de la société, mais encore dans le domicile séparé de chacun des associés solidaires.

Dans tous les cas, le juge de paix donnera, sans délai, au président du tribunal de commerce, avis de l'apposition des scellés (1).

459. Le greffier du tribunal de commerce adressera, dans les vingt-quatre heures, au procureur du roi du ressort, extrait des jugements déclaratifs de faillite mentionnant les principales indications et dispositions qu'ils contiennent (2).

460. Les dispositions qui ordonneront le dépôt de la personne du failli dans une maison d'arrêt pour dettes, ou la garde de sa personne, seront exécutées à la diligence, soit du ministère public, soit des syndics de la faillite.

461. Lorsque les deniers appartenant à la faillite ne pourront suffire immédiatement aux frais du jugement de déclaration de la faillite, d'affiche et d'insertion de ce jugement dans les journaux, d'apposition des scellés, d'arrestation et d'incarcération du failli, l'avance de ces frais sera faite, sur ordonnance du juge-commissaire, par le Trésor public, qui en sera remboursé par privilége sur les premiers recouvrements, sans préjudice du privilége du propriétaire.

(1) En cas de faillite d'une société en commandite, on ne peut apposer les scellés chez les commanditaires. (Pardessus, 1146.)

(2) Cette disposition nouvelle procure beaucoup de célé-

CHAPITRE IV.

DE LA NOMINATION ET DU REMPLACEMENT DES SYNDICS PROVISOIRES (1).

462. Par le jugement qui déclarera la faillite, le

rité dans la marche de la procédure, et un grand avantage pour les créanciers.

« Souvent, disait M. Tripier dans son premier rapport à la chambre des pairs, les créanciers, effrayés par les avances qu'exigent les frais d'une faillite, n'osent en poursuivre les opérations, et préfèrent subir la loi qui leur est imposée par leur débiteur. Pour prévenir ce danger, le Trésor fera ces avances, et obtiendra un privilége qui ne pourra nuire à celui du propriétaire. »

Ces mots : « sans préjudice du privilége du propriétaire » n'étaient pas dans le projet primitif, adopté en 1835. On avait cru inutile de s'expliquer.

M. Garnon, qui avait proposé d'ajouter : « néanmoins, le privilége spécial, conféré par l'art. 2102 du Code civil, continuera d'être exercé de préférence à celui concédé au trésor public par la présente loi », retira son amendement, parce que la commission reconnut que le privilége du propriétaire primerait celui du trésor public sur les recouvrements provenant de la vente des meubles; qu'il n'était fait aucun changement au droit des priviléges particuliers qui continueraient de subsister, sans qu'il fût besoin de l'exprimer.

Ces motifs du retrait de l'amendement, en 1835, expliquent le sens et l'étendue de la disposition.

(1) Voici comment M. le garde-des-sceaux expliquait à la chambre des pairs le nouveau système d'administration de la faillite :

« Un changement d'une grande importance a été introduit par la chambre des députés dans la partie du projet qui a pour objet d'organiser l'administration de la faillite. On a généralement reproché au Code de commerce d'avoir trop multiplié les rouages, en faisant succéder l'une à l'autre

tribumal de commerce nommera un ou plusieurs syndics provisoires.

Le juge-commissaire convoquera immédiatement

trois administrations, sous les noms d'agents, de syndics provisoires, de syndics définitifs. Les auteurs du Code de commerce sont partis du principe que les biens du failli appartiennent à ses créanciers, et que, si la gestion de ces biens peut, dans les premiers moments et lorsque les créanciers ne sont point encore réunis, être confiée à des agents nommés par le tribunal de commerce, elle doit être ensuite remise à des mandataires de la masse, au moyen d'une délégation plus ou moins directe, selon qu'elle émane de créanciers simplement présumés ou de créanciers vérifiés et unis. Déjà le projet, tel que vous l'aviez adopté, remédiait au plus grand inconvénient du système du Code, qui consistait à faire nommer les syndics provisoires, sur une liste de candidats imposés au tribunal de commerce par une assemblée de créanciers non vérifiés, assemblée dont la composition incomplète et peu sûre offrait trop de prise à l'influence et aux manœuvres du failli. En ne donnant aux créanciers présumés que le droit de faire entendre au juge-commissaire leurs observations et leurs vœux, et en réservant au tribunal de commerce le choix entièrement libre des syndics provisoires, le projet avait introduit une grande amélioration.

» La chambre des députés a trouvé là le germe d'une amélioration nouvelle. D'après le système qu'elle a établi, le pouvoir de nommer, de remplacer ou de maintenir les syndics depuis le commencement de la procédure jusqu'à la fin, appartient exclusivement au tribunal de commerce, et le renouvellement du syndicat, toujours facultatif, n'est jamais forcé.

» Ce principe de permanence, qui a pour effet de maintenir dans l'administration de la faillite l'unité, l'esprit de suite, l'expérience acquise, est toutefois combiné avec le droit qu'il faut laisser aux créanciers de provoquer toutes les modifications désirables, dans la composition du syndicat. Non-seulement ce droit pourra être exercé à toute époque par voie de réclamation et de plainte, mais la masse des créanciers sera, dans deux occasions décisives, appelée à faire entendre ses observations et ses vœux, tou-

les créanciers présumés à se réunir dans un délai qui n'excédera pas quinze jours. Il consultera les créanciers présents à cette réunion, tant sur la composition de l'état des créanciers présumés que sur la nomination de nouveaux syndics. Il sera dressé procès verbal de leurs dires et observations, lequel sera représenté au tribunal.

chant le maintien et le remplacement des syndics ; savoir : les créanciers présumés, quinze jours après le jugement déclaratif de la faillite ; et les créanciers vérifiés, immédiatement après le rejet du concordat. L'influence des créanciers, particulièrement à cette époque, sur la direction à donner aux affaires et sur le choix des hommes propres à imprimer cette direction, sera en effet toute puissante auprès du juge-commissaire et du tribunal de commerce ; mais les changements dans le syndicat ne seront opérés qu'autant qu'il existera des motifs de réclamation. Il n'y aura plus, comme aujourd'hui, de révolutions nécessaires et périodiques. Au lieu d'apercevoir le terme de leur gestion dans une phase rapprochée, les syndics auront la perspective de conserver leurs fonctions jusqu'à la fin, s'ils les exercent d'une manière satisfaisante. » (*Mon.* du 31 janvier 1835, p. 227, col. 2e, *in fine*; le rapport de M. Tripier, *Mon.* du 12 mai, p. 1062, col. 2. *Mon.* du 15 avril 1837, p. 824, 1re col. Discuss. à la chambre des pairs, *Mon.* du 9 mai 1837, p. 1116, 1re col., *in princip.*; le rapp. de M. Quesnault, *Mon.* du 22 mars 1838, 2e suppl., p. 646, 2e col.)

1. Un syndic peut être chargé de la gestion de plusieurs faillites à la fois. (Devilleneuve et Massé, no 261.)

2. On peut nommer syndic un ancien failli concordataire, un mineur émancipé, autorisé à faire le commerce, un étranger. (*Ibidem*, no 262.)

3. Le tribunal n'est pas tenu de déférer aux observations des créanciers sur le choix du syndic. (*Ibidem*, no 258.)

4. Les syndics ne sont pas assujettis au serment avant d'entrer en fonctions. (*Ibidem*, no 270.)

5. A Paris, les fonctions de syndics salariés sont la source de bien grands abus. Il eût été à désirer que la loi nouvelle tendît à les faire cesser. Elle les augmentera vraisemblablement.

Sur le vu de ce procès-verbal et de l'état des créanciers présumés, et sur le rapport du juge-commissaire, le tribunal nommera de nouveaux syndics, ou continuera les premiers dans leurs fonctions.

Les syndics ainsi institués sont définitifs; cependant ils peuvent être remplacés par le tribunal de commerce, dans le cas et suivant les formes qui seront déterminés.

Le nombre des syndics pourra être, à toute époque, porté jusqu'à trois; ils pourront être choisis parmi les personnes étrangères à la masse, et recevoir, quelle que soit leur qualité, après avoir rendu compte de leur gestion, une indemnité que le tribunal arbitrera sur le rapport du juge-commissaire.

463. Aucun parent ou allié du failli, jusqu'au quatrième degré inclusivement, ne pourra être nommé syndic.

464. Lorsqu'il y aura lieu de procéder à l'adjonction ou au remplacement d'un ou plusieurs syndics, il en sera référé par le juge-commissaire au tribunal de commerce, qui procédera à la nomination suivant les formes établies par l'art. 462.

465. S'il a été nommé plusieurs syndics, ils ne pourront agir que collectivement; néanmoins, le juge-commissaire peut donner à un ou plusieurs d'entre eux des autorisations spéciales à l'effet de faire séparément certains actes d'administration. Dans ce dernier cas, les syndics autorisés seront seuls responsables.

466. S'il s'élève des réclamations contre quelqu'une des opérations des syndics, le juge-commissaire statuera, dans le délai de trois jours, sauf recours devant le tribunal de commerce.

Les décisions du juge-commissaire sont exécutoires par provision (1).

(1) 1. Les créanciers peuvent s'opposer aux actes des

467. Le juge-commissaire pourra, soit sur les réclamations à lui adressées par le failli ou par des créanciers, soit même d'office, proposer la révocation d'un ou plusieurs des syndics.

Si, dans les huit jours, le juge-commissaire n'a pas fait droit aux réclamations qui lui ont été adressées, ces réclamations pourront être portées devant le tribunal.

Le tribunal, en chambre du conseil, entendra le rapport du juge-commissaire et les explications des syndics, et prononcera à l'audience sur la révocation.

CHAPITRE V.

DES FONCTIONS DES SYNDICS.

—

SECTION PREMIÈRE.

Dispositions générales.

468. Si l'apposition des scellés n'avait point eu lieu avant la nomination des syndics, ils requerront le juge de paix d'y procéder.

469. Le juge-commissaire pourra également, sur la demande des syndics, les dispenser de faire placer sous les scellés ou les autoriser à en faire extraire :

1° Les vêtements, hardes, meubles et effets nécessaires au failli et à sa famille, et dont la délivrance sera autorisée par le juge-commissaire sur l'état que lui en soumettront les syndics ;

syndics qui leur semblent préjudiciables. (Rejet, 28 janvier 1824.)

2. Le juge-commissaire apprécie alors si l'acte attaqué est un acte de sage administration. (Même arrêt.)

3. Les syndics sont solidaires à raison de leur gestion. (Rejet, 18 janvier 1814.)

2° Les objets sujets à dépérissement prochain ou à dépréciation imminente;

3° Les objets servant à l'exploitation du fonds de commerce, lorsque cette exploitation ne pourrait être interrompue sans préjudice pour les créanciers.

Les objets compris dans les deux paragraphes précédents seront de suite inventoriés avec prisée par les syndics, en présence du juge de paix, qui signera le procès-verbal (1).

470. La vente des objets sujets à dépérissement, ou à dépréciation imminente, ou dispendieux à conserver, et l'exploitation du fonds de commerce, auront lieu à la diligence des syndics, sur l'autorisation du juge-commissaire (2).

471. Les livres seront extraits des scellés et remis

(1) On a soulevé sur cet article une question résolue dans le rapport de M. Tripier, à la séance de la chambre des Pairs du 10 mai 1836.

« L'art. 469, dit-il, suppose que les syndics provisoires auront la faculté de continuer l'exploitation d'un fonds de commerce, lorsqu'ils penseront qu'elle ne pourrait être interrompue sans préjudice pour les créanciers. Ce que l'article admet pour un fonds de commerce doit s'étendre à toutes les usines qui sont susceptibles d'exploitation. Mais si le failli prévoit que cette exploitation pourra être désastreuse, qu'au lieu de bénéfices elle devra produire des pertes, ne doit-il pas avoir le droit de s'opposer à cette continuation d'exploitation? Votre commission pense qu'il ne peut être privé de ce droit; elle a été fortifiée dans son opinion par l'art. 529 du projet, qui, en conférant aux syndics définitifs la même faculté d'exploiter avec l'autorisation des créanciers, a réservé au failli le droit de former opposition à la délibération. »

(2) Ces mots « et les objets dispendieux à conserver » ne se trouvaient point dans le premier projet.

« Cela peut s'appliquer, a dit l'auteur de l'amendement, à des animaux, à des chevaux de luxe ou à des chevaux servant à l'exploitation d'une usine qui se trouve arrêtée par

par le juge de paix aux syndics, après avoir été arrêtés par lui; il constatera sommairement, par son procès-verbal, l'état dans lequel ils se trouveront.

Les effets de portefeuille à courte échéance ou susceptibles d'acceptation, ou pour lesquels il faudra faire des actes conservatoires, seront aussi extraits des scellés par le juge de paix, décrits et remis aux syndics pour en faire le recouvrement. Le bordereau en sera remis au juge-commissaire.

la faillite, et dont la conservation devient onéreuse à la faillite. On pourrait même supprimer les mots : « ou à dépréciation imminente. »

La commission consentit à l'amendement, qui fut adopté sans opposition.

Le failli peut-il intervenir dans cette vente?

La raison de douter est que la chambre n'a pas admis un amendement proposé par M. Réalier-Dumas, portant : *Le failli dûment appelé*, ou *après les explications du failli.*

Pour l'affirmative, on pourrait argumenter de la discussion dont voici l'analyse :

M. le président. « On lui a réservé le droit d'intervention. »

M. Réalier-Dumas. On lui a bien réservé le droit d'intervenir dans une instance; mais il n'a pas été dit qu'il pourrait intervenir dans tous les cas où il s'agirait de vendre les objets de ses magasins. Eh bien! je dis qu'on doit consulter le failli sur ses véritables intérêts, et qu'il doit être toujours appelé. »

M. Moreau. Je m'oppose à l'amendement, parce qu'il me semble que l'intervention ou l'appel du failli rendrait extrêmement difficile l'administration des syndics. »

M. Bignon (de la Loire-Inférieure). « La commission n'a pas dû admettre l'intervention du failli dans la vente des objets sujets à dépérissement. D'ailleurs, dans une autre circonstance, on a dit que son intervention pourrait être admise dans certains cas. »

1. L'exploitation du fonds de commerce n'a lieu que lorsqu'elle ne peut être interrompue sans préjudice pour la masse. (Devilleneuve et Massé, nº 357.)

Les autres créances seront recouvrées par les syndycs sur leurs quittances. Les lettres adressées au failli seront remises aux syndics, qui les ouvriront; il pourra, s'il est présent, assister à l'ouverture (1).

472. Le juge-commissaire, d'après l'état apparent des affaires du failli, pourra proposer sa mise en liberté avec sauf-conduit provisoire de sa personne. Si le tribunal accorde le sauf-conduit, il pourra obliger le failli à fournir caution de se représenter, sous peine de paiement d'une somme que le tribunal arbitrera, et qui sera dévolue a la masse (2).

473. A défaut, par le juge-commissaire, de proposer un sauf-conduit pour le failli, ce dernier pourra présenter sa demande au tribunal de commerce, qui statuera, en audience publique, après avoir entendu le juge-commissaire (3).

474. Le failli pourra obtenir pour lui et sa famille,

(1) 1. Le juge de paix *arrête* les livres en les signant au commencement et à la fin, ou au moins en les paraphant. (*Mon.* du 3 avril 1838.)

2. Les directeurs et facteurs des postes sont autorisés à remettre aux syndics les lettres adressées au failli. (Instruction générale des postes du 28 avril 1808, art. 73.)

(2) Le sauf-conduit peut être accordé, quoiqu'avant la déclaration de faillite, le failli fût détenu pour dettes commerciales. Ce point est dès long-temps certain. (Pardessus, n° 1149; Cour de Rouen, 26 avril 1824; de Colmar, 17 janvier 1824; de Montpellier, 27 avril 1825.

2. Mais en cas de fraude du failli, le créancier qui l'avait incarcéré peut s'opposer au sauf-conduit. (Cour de Rouen, 2 avril 1827.

3. Le sauf-conduit, s'il n'est limité ou révoqué, subsiste tant que dure la faillite. (Cour de Paris, 12 février 1817.)

(3) Les créanciers peuvent s'opposer à cette demande, et plaider leurs moyens d'opposition. (Devilleneuve et Massé, n° 320.)

sur l'actif de sa faillite, des secours alimentaires, qui seront fixés, sur la proposition des syndics, par le juge-commissaire, sauf appel au tribunal en cas de contestation (1).

475. Les syndics appelleront le failli auprès d'eux pour clore et arrêter les livres en sa présence.

S'il ne se rend pas à l'invitation, il sera sommé de comparaître dans les quarante-huit heures au plus tard.

Soit qu'il ait ou non obtenu un sauf-conduit, il pourra comparaître par fondé de pouvoirs, s'il justifie de causes d'empêchement reconnues valables par le juge-commissaire.

476. Dans le cas où le bilan n'aurait pas été déposé par le failli, les syndics le dresseront immédiatement à l'aide des livres et papiers du failli, et des renseignements qu'ils se procureront, et ils le déposeront au greffe du tribunal de commerce.

477. Le juge-commissaire est autorisé à entendre le failli, ses commis et employés, et toute autre personne, tant sur ce qui concerne la formation du bilan que sur les causes et les circonstances de la faillite (2).

(1) 1. Ces mesures sont prises dès les premières opérations de la faillite; tandis que, sous l'ancienne loi, elles n'avaient lieu qu'en cas de contrat d'union. (Devilleneuve et Massé, nº 354.)—« Il vaut mieux, a dit M. Renouard, accorder au failli de faibles secours, que de le contraindre, sous peine de mourir de faim, à se faire sa part lui-même. »

(2) Ces mots « et tout autre personne » comprennent la femme et les enfants du failli. En ce point, il y a innovation au Code de commerce.

En 1835, le rapporteur s'exprimait ainsi : « Le Code défendait au juge-commissaire d'interroger la femme ou les enfants du failli (art. 474; v. cependant l'art. 473). Introduite pour rendre hommage à la règle de la morale publi-

478. Lorsqu'un commerçant aura été déclaré en faillite après son décès, ou lorsque le failli viendra à décéder après la déclaration de la faillite, sa veuve, ses enfants et ses héritiers pourront se présenter ou

que, qui ferme l'oreille au témoignage que l'on arracherait à des personnes liées entre elles par tant de devoirs, cette disposition manquait son effet dans bien des cas. Ne peut-il pas arriver que les réponses de la femme et des enfants, loin de nuire au failli, puissent servir à sa justification et à l'éclaircissement de ses affaires? Si, d'ailleurs, quelque charge peut en résulter, rien n'empêche que la femme et les enfants s'abstiennent de répondre. »

Cette interprétation fut attaquée lors de la discussion. On demanda qu'il fût reconnu que les enfants et la femme du failli ne pourraient être interrogés, sauf au juge-commissaire à recevoir leurs déclarations volontaires.

Un amendement dans ce sens fut adopté. « J'en ai trouvé la source, disait son auteur, dans le Code d'instruction criminelle lui-même et dans la morale publique. Il n'est pas convenable qu'une femme vienne déposer contre son mari et des enfants contre leur père. S'ils refusent de répondre, déjà une prévention défavorable s'élèvera contre le failli.

» Je demande donc le retour aux anciens principes, au Code de commerce qui prohibe l'interrogatoire de la femme et des enfants du failli, sauf toutefois au juge-commissaire à recevoir leurs déclarations volontaires, si les femmes et les enfants demandent à donner des renseignements. »

La commission répondait que souvent la femme et les enfants d'un failli pourraient fournir des renseignements utiles au failli, venant à sa décharge; qu'il y aurait trop de rigueur dans certains cas à prohiber d'entendre la femme et les enfants du failli; que, comme il n'y avait aucune clause pénale, l'amendement était inutile.

» Nous sommes, ajoutait M. le rapporteur, tout-à-fait d'accord avec l'honorable préopinant sur le principe général; c'est précisément sur ce principe que nous nous sommes fondés, pour ne rien écrire dans la loi; mais, ainsi qu'on l'a dit tout à l'heure, il faut reconnaître qu'il ne s'agit pas ici d'une instruction criminelle; aucun des moyens de coercition qui sont à la disposition du juge d'instruction,

se faire représenter pour le suppléer dans la formation du bilan, ainsi que dans toutes les autres opérations de la faillite.

SECTION II.

De la Levée des Scellés et de l'Inventaire.

479. Dans les trois jours (1), les syndics requerront la levée des scellés, et procéderont à l'inventaire des biens du failli, lequel sera présent ou dûment appelé.

480. L'inventaire sera dressé en double minute par les syndics, à mesure que les scellés seront levés, et en présence du juge de paix, qui le signera à chaque vacation. L'une de ces minutes sera déposée au greffe du tribunal de commerce, dans les vingt-quatre heures, l'autre restera entre les mains des syndics.

Les syndics seront libres de se faire aider pour sa

n'existe pour les juges-commissaires. C'est dans l'intention de pouvoir en cas favorable les entendre dans l'intérêt du failli, que le retranchement a été opéré. Si l'amendement était rédigé de manière à pouvoir les entendre lorsqu'ils le demanderont, il n'y aurait pas d'inconvénient à l'adopter. »

Ces raisons prévalurent devant la chambre des pairs.

Il importe de rappeler ce qu'a dit M. Renouard sur la nature et l'étendue des pouvoirs confiés au juge-commissaire. « En donnant au juge-commissaire le droit de procéder à une enquête, le projet, pas plus que le Code, n'a pu faire de ce magistrat un juge d'instruction, ni créer des moyens de contrainte contre les témoins qui refuseraient de comparaître. Si des indices de fraude paraissent résulter de ce refus, le juge-commissaire les fera connaître au ministère public, et ce sera dans une instruction criminelle ou correctionnelle, que des mandats pourront être décernés et des peines prononcées contre les témoins refusants. »

(1) 1. Le délai de trois jours court de l'apposition des scellés, si le failli a déposé son bilan, ou du dépôt de ce bilan au greffe par le syndic. (Devilleneuve et Massé, n° 378.)

rédaction comme pour l'estimation des objets, par qui ils jugeront convenable.

Il sera fait récolement des objets qui, conformément à l'article 469, n'auraient pas été mis sous les scellés, et auraient déjà été inventoriés et prisés.

481. En cas de déclaration de faillite après décès, lorsqu'il n'aura point été fait d'inventaire antérieurement à cette déclaration, ou en cas de décès du failli avant l'ouverture de l'inventaire (1), il y sera procédé immédiatement, dans les formes du précédent article, et en présence des héritiers, ou eux dûment appelés.

482. En toute faillite, les syndics, dans la quinzaine de leur entrée ou de leur maintien en fonctions, seront tenus de remettre au juge-commissaire

(1) M. Barillon. « Je demanderai comment cette disposition se coordonnera avec la loi civile dans le cas où il y aura des mineurs; il faut dans ce cas que l'inventaire soit fait d'après les dispositions de la loi civile. »

M. le rapporteur. « La question soulevée a été déjà discutée dans la chambre des députés. Alors, comme aujourd'hui, on a opposé cet intérêt des mineurs, des héritiers au nom desquels on demandait un inventaire notarié dans les formes établies par la loi civile. Il a été répondu que l'intérêt des créanciers de la faillite devait passer avant tous les autres intérêts, parce qu'il n'y a d'héritier mineur ou majeur, qu'après que les dettes sont payées, et qu'il faut satisfaire de la manière la plus avantageuse et la plus rapide à l'intérêt des créanciers qui prévaut à tous les autres. Quant à l'intérêt des héritiers, s'il reste quelque chose pour le règlement de leurs droits entre eux, ils pourront faire ce qu'ils voudront; il sera satisfait, s'ils le veulent, aux dispositions de la loi civile. Mais d'abord il s'agit de l'inventaire de la faillite, et c'est dans les formes indiquées par la législation sur les faillites, qu'il doit être fait. »

1. S'il a été fait un inventaire après le décès du failli, cet acte sera pris pour ban de l'inventaire de la faillite. (*Mon.* du 3 avril 1838.)

un mémoire ou compte sommaire de l'état apparent de la faillite, de ses principales causes et circonstances, et des caractères qu'elle paraît avoir.

Le juge-commissaire transmettra immédiatement les mémoires, avec ses observations, au procureur du roi. S'ils ne lui ont pas été remis dans les délais prescrits, il devra en prévenir le procureur du roi, et lui indiquer les causes du retard (1).

483. Les officiers du ministère public pourront se transporter au domicile du failli et assister à l'inventaire.

Ils auront, à toute époque, le droit de requérir communication de tous les actes, livres ou papiers relatifs à la faillite.

SECTION III.

De la Vente des Marchandises et Meubles, et des Recouvrements.

484. L'inventaire terminé, les marchandises, l'argent, les titres actifs, les livres et papiers, meubles et effets du débiteur, seront remis aux syndics, qui s'en chargeront au bas dudit inventaire.

485. Les syndics continueront de procéder, sous la surveillance du juge-commissaire, au recouvrement des dettes actives (2).

486. Le juge-commissaire pourra, le failli entendu ou dûment appelé, autoriser les syndics à procéder à la vente des effets mobiliers ou marchandises.

Il décidera si la vente se fera, soit à l'amiable, soit

(1) 1. Le juge-commissaire peut dans tous les cas provoquer la révocation des syndics. (Duvergier.)

(2) 1. Les syndics font vérifier et affirment les créances que le failli peut avoir sur d'autres masses. (Devilleneuve et Massé, nº 413.)

aux enchères publiques, par l'entremise de courtiers ou de tous autres officiers publics préposés à cet effet.

Les syndics choisiront dans la classe d'officiers publics déterminée par le juge-commissaire, celui dont ils voudront employer le ministère (1).

487. Les syndics pourront, avec l'autorisation du juge-commissaire, et le failli dûment appelé, transiger sur toutes contestations qui intéressent la masse, même sur celles qui sont relatives à des droits et actions immobiliers.

Si l'objet de la transaction est d'une valeur indé-

(1) « Le mode de vente des objets mobiliers appartenant à la faillite a donné lieu, a dit M. Renouard, à de fréquentes contestations entre les courtiers de commerce, les commissaires-priseurs et autres officiers publics chargés de ces ventes. Le projet du gouvernement, voulant faire disparaître les soupçons de partialité et trancher la plupart des contestations, avait imaginé de faire déterminer par le juge-commissaire la classe d'officiers publics dont le ministère serait employé, et de faire choisir dans cette classe, par les syndics, la personne que ceux-ci voudraient désigner. Votre commission a pensé que cette disposition ne lèverait pas les difficultés entre les diverses compagnies d'officiers ministériels auxquelles on ne refusait pas le droit de se pourvoir devant le tribunal contre la décision du juge-commissaire. Elle a préféré s'en rapporter au droit commun. La discussion récente sur la loi relative aux objets adhérents au sol peut facilement faire pressentir quelles nombreuses difficultés seraient soulevées de toutes parts dans le cas où l'on entreprendrait, incidemment à un article du Code de commerce, d'entrer dans l'appréciation et le règlement de prétentions si diverses et de droits si contestés. »

1. Les syndics ne peuvent louer les immeubles que sur l'autorisation expresse du tribunal. (Pardessus, 1179.)

2. Ils ne peuvent, en aucun cas, consentir à la conversion en vente volontaire des saisies immobilières frappant les immeubles du failli. (*Ibidem.*)

terminée ou qui excède 300 fr., la transaction ne sera obligatoire qu'après avoir été homologuée, savoir : par le tribunal de commerce pour les transactions relatives à des droits mobiliers, et par le tribunal civil pour les transactions relatives à des droits immobiliers.

Le failli sera appelé à l'homologation ; il aura dans tous les cas, la faculté de s'y opposer. Son opposition suffira pour empêcher la transaction si elle a pour objet les biens immobiliers (1).

488. Si le failli a été affranchi du dépôt, ou s'il a obtenu un sauf-conduit, les syndics pourront l'employer pour faciliter et éclairer leur gestion ; le juge-commissaire fixera les conditions de son travail.

489. Les deniers provenant des ventes et des recouvrements seront, sous la déduction des sommes arbitrées par le juge-commissaire, pour le montant des dépenses et frais, versés immédiatement à la caisse des dépôts et consignations. Dans les trois jours des recettes, il sera justifié au juge-commissaire desdits versements ; en cas de retard, les syndics devront les intérêts des sommes qu'ils n'auront point versées.

Les deniers versés par les syndics et tous autres consignés par des tiers, pour compte de la faillite, ne pourront être retirés qu'en vertu d'une ordonnance du juge-commissaire. S'il existe des oppositions, les syndics devront préalablement en obtenir la main levée.

Le juge-commissaire pourra ordonner que le versement sera fait par la caisse directement entre les mains des créanciers de la faillite, sur un état de répartition dressé par les syndics et ordonnancé par lui.

(1) 1. Les syndics ne peuvent en aucun cas compromettre. (Devilleneuve et Massé, n° 415.) Toutefois M. Pardessus est d'une opinion contraire. (N° 1181.)

SECTION IV.

Des Actes conservatoires.

490. A compter de leur entrée en fonctions, les syndics seront tenus de faire tous actes pour la conservation des droits du failli contre ses débiteurs.

Ils seront aussi tenus de requérir l'inscription aux hypothèques sur les immeubles des débiteurs du failli, si elle n'a pas été requise par lui; l'inscription sera prise au nom de la masse par les syndics, qui joindront à leurs bordereaux un certificat constatant leur nomination.

Ils seront tenus aussi de prendre inscription au nom de la masse des créanciers, sur les immeubles du failli dont ils connaîtront l'existence. L'inscription sera reçue sur un simple bordereau énonçant qu'il y a faillite, et relatant la date du jugement par lequel ils auront été nommés (1).

SECTION V.

De la Vérification des créances.

491. A partir du jugement déclaratif de la faillite, les créanciers pourront remettre au greffier leurs titres, avec un bordereau indicatif des sommes par eux réclamées. Le greffier devra en tenir état et en donner récépissé.

Il ne sera responsable des titres que pendant cinq années, à partir du jour de l'ouverture du procès-verbal de vérification.

(1) Cette inscription n'a pas pour objet de créer une hypothèque. C'est un acte purement conservatoire. (Cass., 22 juin 1841.)

492. Les créanciers qui, à l'époque du maintien ou du remplacement des syndics, en exécution du troisième paragraphe de l'article 462, n'auront pas remis leurs titres, seront immédiatement avertis, par des insertions dans les journaux et par lettres du greffier, qu'ils doivent se présenter en personne ou par fondés de pouvoirs, dans le délai de vingt jours, à partir desdites insertions, aux syndics de la faillite, et leur remettre leurs titres accompagnés d'un bordereau indicatif des sommes par eux réclamées, si mieux ils n'aiment en faire le dépôt au greffe du tribunal de commerce; il leur en sera donné récépissé.

A l'égard des créanciers domiciliés en France, hors du lieu où siége le tribunal saisi de l'instruction de la faillite, ce délai sera augmenté d'un jour par cinq myriamètres de distance entre le lieu où siége le tribunal et le domicile du créancier.

A l'égard des créanciers domiciliés hors du territoire continental de la France, ce délai sera augmenté conformément aux règles de l'art. 73 du Code de procédure civile (1).

493. La vérification des créances commencera dans les trois jours de l'expiration des délais déterminés par les premier et deuxième paragraphes de l'article 492. Elle sera continuée sans interruption. Elle se fera aux lieu, jour et heure indiqués par le juge-commissaire. L'avertissement aux créanciers, ordonné par l'article précédent, contiendra mention de cette indication. Néanmoins, les créanciers seront de nou-

(1) 1. L'avertissement doit être donné à tous créanciers sans exception, porteurs des titres civils ou commerciaux, privilégiés, hypothécaires ou chirographaires. (Pardessus, n° 1185; Cour d'Amiens, 17 février 1839.)

2. Le propriétaire bailleur n'est pas obligé à faire vérifier sa créance. (Cour de Paris, 18 juillet 1828, et 28 septembre 1836.)

veau convoqués à cet effet, tant par lettres du greffier que par insertion dans les journaux.

Les créances des syndics seront vérifiées par le juge-commissaire ; les autres le seront contradictoirement entre le créancier ou son fondé de pouvoirs et les syndics, en présence du juge-commissaire, qui en dressera procès verbal (1).

494. Tout créancier vérifié ou porté au bilan pourra assister à la vérification des créances, et fournir des contredits aux vérifications faites et à faire. Le failli aura le même droit (2).

495. Le procès-verbal de vérification indiquera le domicile des créanciers et de leurs fondés de pouvoirs (3).

Il contiendra la description sommaire des titres, mentionnera les surcharges, ratures et interlignes, et exprimera si la créance est admise ou contestée.

(1) Le créancier qui prétend avoir un privilége n'est pas obligé de déclarer cette prétention au moment de la vérification. (M. Tripier.)

(2) 1. L'ancienne loi n'accordait pas au failli le droit d'assister à la vérification des créances. Sa présence a été reconnue devoir être d'une grande utilité ; car lui seul connaît le véritable état de ses affaires, et la valeur des prétentions de chaque créancier.

2. Le droit de fournir des contredits ne peut s'exercer après la clôture du procès-verbal de vérification. (Cour de Paris, 25 juin 1812.)

(3) C'est le domicile réel. On demandait que le domicile d'élection fût exigé.

M. Quenault a répondu : « Je crois qu'il serait inutile et même dangereux d'introduire en cette matière des dispositions de procédure obligatoires pour des créanciers qui n'auront peut-être pas besoin de comparaître dans la faillite, si leurs titres sont jugés valables en leur absence. Il me semble qu'il y aurait danger, dans une loi d'où nous avons rejeté les sommations, les significations, toutes les

496. Dans tous les cas le juge-commissaire pourra, même d'office, ordonner la représentation des livres du créancier, ou demander, en vertu d'un compulsoire, qu'il en soit rapporté un extrait fait par les juges du lieu.

497. Si la créance est admise, les syndics signeront, sur chacun des titres, la déclaration suivante :

Admis au passif de la faillite de . . . . . . pour la somme de . . . . . , le . . . . . .

Le juge commissaire visera la déclaration

Chaque créancier, dans la huitaine au plus tard, après que sa créance aura été vérifiée, sera tenu d'affirmer, entre les mains du juge-commissaire, que ladite créance est sincère et véritable (1).

procédures ordinaires, d'y introduire une élection de domicile obligé. »

1. Le créancier privé de son titre, soit qu'il ne l'ait pas dans ses mains, soit qu'il n'en ait jamais eu, doit seulement déclarer sa créance, et déposer soit son compte, soit un extrait de ses livres. (Devilleneuve et Massé, n° 433).

2. Il n'est pas nécessaire que les titres produits soient enregistrés. (Décision du ministre des finances, du 28 juin 1808.)

(1) 1. A défaut de titre, la déclaration est faite sur l'extrait des livres du créancier, ou sur les factures et comptes produits par lui. (Pardessus, n° 1186.)

2. L'affirmation n'a pas la forme du serment. (M. le conseiller Rolland de Villargues, Répertoire du notariat, v° *Affirmation*.)

3. Ainsi elle peut être faite par un fondé de pouvoirs. (Pardessus, n° 1186; Vincent, p. 436.)

4. Le procès-verbal d'admission forme au profit du créancier un nouveau titre contre lequel on ne peut invoquer aucune preuve. (Cour de Bordeaux, 2 décembre 1831.)

5. Mais il ne dispense pas de reproduire l'ancien titre, surtout si les syndics prétendent avoir fait sur ce titre des réserves formelles. (Rejet, 19 juin 1834).

6. Et même on a jugé qu'une créance admise par les

498. Si la créance est contestée, le juge-commissaire pourra, sans qu'il soit besoin de citation, renvoyer à bref délai devant le tribunal de commerce, qui jugera sur son rapport.

Le tribunal de commerce pourra ordonner qu'il soit fait, devant le juge-commissaire, enquête sur les faits, et que les personnes qui pourront fournir des renseignements soient, à cet effet, citées par-devant lui (1).

499. Lorsque la contestation sur l'admission d'une créance aura été portée devant le tribunal de commerce, ce tribunal, si la cause n'est point en état de recevoir jugement définitif avant l'expiration des délais fixés, à l'égard des personnes domiciliées en France, par les art. 492 et 497, ordonnera, selon les circonstances, qu'il sera sursis ou passé outre à la convocation de l'assemblée pour la formation du concordat.

Si le tribunal ordonne qu'il sera passé outre, il pourra décider par provision que le créancier contesté sera admis dans les délibérations pour une somme que le même jugement déterminera.

500. Lorsque la contestation sera portée devant un tribunal civil, le tribunal de commerce décidera s'il sera sursis ou passé outre ; dans ce dernier cas, le tribunal civil saisi de la contestation jugera, à bref délai, sur requête des syndics, signifiée au créancier contesté, et sans autre procédure, si la créance sera admise par provision, et pour quelle somme.

syndics, peut être contestée ensuite par le failli, à moins que l'admission n'ait eu lieu par un jugement. (Cour de Douai, 25 mai 1825.)

(1) 1. Lorsqu'une créance est contestée, les juges peuvent admettre des présomptions graves, précises et concordantes pour en réduire le montant, en admettre une partie et rejeter le surplus. (Rejet, 12 décembre 1815.)

Dans le cas où une créance serait l'objet d'une instruction criminelle ou correctionnelle, le tribunal de commerce pourra également prononcer le sursis; s'il ordonne de passer outre, il ne pourra accorder l'admission par provision, et le créancier contesté ne pourra prendre part aux opérations de la faillite, tant que les tribunaux compétents n'auront pas statué.

501. Le créancier dont le privilége ou l'hypothèque seulement serait contesté, sera admis dans les délibérations de la faillite comme créancier ordinaire (1).

502. A l'expiration des délais déterminés par les articles 492 et 497, à l'égard des personnes domiciliées en France, il sera passé outre à la formation du concordat et à toutes les opérations de la faillite, sous l'exception portée aux articles 567 et 568 en faveur des créanciers domiciliés hors du territoire continental de la France (2).

503. A défaut de comparution et affirmation dans les délais qui leur sont applicables, les défaillants connus ou inconnus ne seront pas compris dans les

(1) 1. Les mots *privilége* ou l'*hypothèque* comprennent le *nantissement* et le *gage*. (Rapport de 1835 à la chambre des députés.)

(2) 1. « Suspendre, dit M. Renouard dans son rapport, les opérations de la faillite jusqu'après la vérification des créances étrangères, ce serait sacrifier les créanciers français; ce serait souvent nuire aux étrangers eux-mêmes, en laissant l'actif qui est aussi leur gage, se détériorer par des lenteurs; la réserve de leur dividende les tiendra indemnes de toutes pertes; et si la force des choses met obstacle à ce qu'ils figurent dans les opérations du concordat, ils trouveront une garantie dans l'intérêt personnel des créanciers présents qui, soumis comme eux à des conditions égales pour tous, auront posé et débattu ces conditions avant de les accepter pour eux-mêmes.

repartitions à faire : toutefois la voie de l'opposition leur sera ouverte jusqu'à la distribution des deniers inclusivement ; les frais de l'opposition demeureront toujours à leur charge.

Leur opposition ne pourra suspendre l'exécution des répartitions ordonnancées par le juge-commissaire ; mais s'il est procédé à des répartitions nouvelles, avant qu'il ait été statué sur leur opposition, ils seront compris pour la somme qui sera provisoirement déterminée par le tribunal, et qui sera tenue en réserve jusqu'au jugement de leur opposition.

S'ils se font ultérieurement reconnaître créanciers, ils ne pourront rien réclamer sur les répartitions ordonnancées par le juge-commissaire ; mais ils auront le droit de prélever sur l'actif, non encore réparti, les dividendes afférents à leurs créances dans les premières répartitions (1).

CHAPITRE VI.

DU CONCORDAT ET DE L'UNION.

SECTION Ire.

De la Convocation et de l'Assemblée des créanciers.

504. dans les trois jours qui suivront les délais

(1) 1. Il n'est pas besoin de faire prononcer par jugement la déchéance des créanciers défaillants. (Pardessus, no 1188).

2. Le créancier défaillant n'a besoin pour son opposition que de déclarer au juge-commissaire qu'il requiert la vérification de sa créance. (Devilleneuve et Massé, no 462).

3. Le créancier vérifié, mais non affirmé, n'est pas défaillant ; il doit être compris dans les répartitions, sauf à affirmer avant de toucher.

prescrits pour l'affirmation, le juge-commissaire fera convoquer, par le greffier, à l'effet de délibérer sur la formation du concordat, les créanciers dont les créances auront été vérifiées et affirmées, ou admises par provision. Les insertions dans les journaux et les lettres de convocation indiqueront l'objet de l'assemblée.

505. Aux lieu, jour et heure qui seront fixés par le juge-commissaire, l'assemblée se formera sous sa présidence; les créanciers vérifiés et affirmés ou admis par provision, s'y présenteront en personne ou par fondés de pouvoirs.

Le failli sera appelé à cette assemblée; il devra s'y présenter en personne, s'il a été dispensé de la mise en dépôt, ou s'il a obtenu un sauf-conduit, et il ne pourra s'y faire représenter que pour des motifs valables et approuvés par le juge-commissaire (1).

506. Les syndics feront à l'assemblée un rapport sur l'état de la faillite, sur les formalités qui auront été remplies et les opérations qui auront eu lieu; le failli sera entendu.

Le rapport des syndics sera remis, signé d'eux, au juge-commissaire, qui dressera procès-verbal de ce qui aura été dit et décidé dans l'assemblée (1).

(1) 1. Il n'est pas nécessaire que les pouvoirs d'un créancier, pour assister à l'assemblée, soient notariés. (Boulay-Paty, p. 244.)

2. Mais s'ils sont contestés, le juge-commissaire doit statuer provisoirement sur leur validité. (Devilleneuve et Massé, nº 490.)

3. Le juge-commissaire qui reconnait l'omission de certaines formalités peut ajourner l'assemblée jusqu'à ce que ces formalités aient été remplies (Pardessus, nº 1233). C'est aussi l'opinion de M. Locré. (*Esprit du Code de commerce*, t. III, p. 366).

(1) 1. Le procès-verbal de l'assemblée, rédigé par le juge-commissaire, doit être signé par les créanciers. Il

7

SECTION II.

Du Concordat.

§ Ier. De la formation du Concordat.

507. Il ne pourra être consenti de traité entre les créanciers délibérants et le débiteur failli, qu'après l'accomplissement des formalités ci-dessus prescrites.

Ce traité ne s'établira que par le concours d'un nombre de créanciers formant la majorité, et représentant, en outre, les trois quarts de la totalité des créances vérifiées et affirmées, ou admises par provision, conformément à la section v du chapitre v : le tout à peine de nullité (1).

n'est pas nécessaire qu'un notaire intervienne pour ceux qui ne savent pas signer. (Delvincourt, *Instituts de droit commercial*, t. II, p. 438.)

(1) 1. Les formalités qui doivent être accomplies avant la formation de tout concordat, consistent dans l'administration de la faillite selon les formes légales, et dans la vérification et affirmation des créances. (Devilleneuve et Massé, no 497.)

2. On exclut du nombre et de la somme qui doit former le concordat, les créanciers hypothécaires, privilégiés et nantis de gages. (Art. 508 ; Devilleneuve et Massé, no 506.)

3. Un tuteur peut consentir au concordat sans remplir les formes relatives aux transactions des mineurs. (Pardessus, no 1237.)

4. Le cessionnaire de plusieurs créances dont les cessions sont antérieures à la faillite n'a qu'une voix ; il a autant de voix que de créanciers cédants, si les cessions sont postérieures. (Cour de Bordeaux ; 26 avril 1836.)

5. Le créancier qui a plusieurs débiteurs solidaires, vote dans la faillite de chacun d'eux. (Cour de Paris, 6 messidor an XIII.)

6. Quelquefois, au lieu de faire déclarer la faillite, les

508. Les créanciers hypothécaires inscrits ou dispensés d'inscription, et les créanciers privilégiés ou nantis d'un gage, n'auront pas voix dans les opérations relatives au concordat pour lesdites créances, et elles n'y seront comptées que s'ils renoncent à leurs hypothèques, gages ou priviléges.

Le vote au concordat emportera de plein droit cette renonciation (2).

509. Le concordat sera, à peine de nullité, signé séance tenante. S'il est consenti seulement par la majorité en nombre, ou par la majorité des trois quarts en somme, la délibération sera remise à huitaine pour tout délai; dans ce cas, les résolutions prises et les adhésions données, lors de la première assemblée, demeureront sans effet (1).

510. Si le failli a été condamné comme banqueroutier frauduleux, le concordat ne pourra être formé.

Lorsqu'une instruction en banqueroute fraudu-

créanciers consentent un *atermoiement*. Dans ce cas, il n'y a pas de faillite. (Pardessus, n° 1318.)

7. L'atermoiement est régi par les stipulations qu'il contient. (Devilleneuve et Massé, n° 1111.)

8. Il peut être annulé, si la faillite est déclarée ultérieurement. (Cour de Paris, 14 décembre 1814.)

(1) 1. Si les créanciers hypothécaires ou privilégiés ont aussi des titres purement chirographaires, ils ont voix délibérative au concordat pour ces titres. (Devilleneuve et Massé, n° 502.)

(2) Le concordat peut être proposé dans une séance, et adopté dans la séance suivante, mais il doit être signé, à peine de nullité, dans la séance où il a été adopté. (Pardessus, n° 1237.) C'est afin qu'on ne le colporte pas, pour obtenir des signatures de complaisance, après coup.

2. Toutefois le concordat signé régulièrement séance tenante, par la majorité en nombre et en somme, ne peut être déclaré nul, à cause de l'adhésion postérieure de quelques créanciers. (Cour de Nimes, 18 mai 1813.)

leuse aura été commencée, les créanciers seront convoqués à l'effet de décider s'ils se réservent de délibérer sur un concordat, en cas d'acquittement, et si, en conséquence, ils surseoient à statuer jusqu'après l'issue des poursuites.

Ce sursis ne pourra être prononcé qu'à la majorité en nombre et en somme déterminée par l'art. 507. Si, à l'expiration du sursis, il y a lieu à délibérer sur le concordat, les règles établies par le précédent article seront applicables aux nouvelles délibérations (1).

511. Si le failli a été condamné comme banqueroutier simple, le concordat pourra être formé. Néanmoins, en cas de poursuites commencées, les

« Votre commission, disait M. Renouard en 1835, n'a pas hésité à consacrer l'impossibilité d'un concordat, en cas de banqueroute frauduleuse; mais prohiber tout concordat, en cas de banqueroute simple, lui a semblé trop rigoureux. Un tel traité intéresse souvent les créanciers, plus encore que le débiteur, et les faits d'imprudence ou de négligence, qui entraînent la banqueroute simple, ne défendent pas, dans tous les cas, de remettre le failli à la tête de ses affaires, et de lui laisser le soin de faire servir son actif à l'acquittement de la partie de ses dettes dont les créanciers ne lui font pas remise. On a pensé que l'action de la justice serait souvent arrêtée par l'intérêt des créanciers, si la banqueroute simple devait toujours entraîner une aussi rigoureuse conséquence. Accorder un sursis pour délibérer, jusqu'à l'issue des poursuites qui peuvent amener d'utiles éclaircissements sur les affaires du failli, a paru une garantie suffisante. Il faut d'ailleurs remarquer qu'une disposition du Code, conservée dans le projet, permet la réhabilitation du banqueroutier simple. Il semble qu'il y aurait de l'inconséquence à déclarer toujours indigne d'un concordat le failli qu'on admet à l'honneur de la réhabilitation. »

1. La simple présomption de banqueroute, en l'absence de poursuites, n'annulerait pas le concordat, mais pourrait autoriser le tribunal à refuser son homologation. (Devilleneuve et Massé, n° 501.)

créanciers pourront surseoir à délibérer jusqu'après l'issue des poursuites, en se conformant aux dispositions de l'article précédent.

512. Tous les créanciers ayant eu droit de concourir au concordat, ou dont les droits auront été reconnus depuis, pourront y former opposition.

L'opposition sera motivée, et devra être signifiée aux syndics et au failli, à peine de nullité, dans les huit jours qui suivront le concordat ; elle contiendra assignation à la première audience du tribunal de commerce.

S'il n'a été nommé qu'un seul syndic et s'il se rend opposant au concordat, il devra provoquer la nomination d'un nouveau syndic, vis-à-vis duquel il sera tenu de remplir les formes prescrites au présent article.

Si le jugement de l'opposition est subordonné à la solution de questions étrangères, à raison de la matière, à la compétence du tribunal de commerce, ce tribunal surseoira à prononcer jusqu'après la décision de ces questions

Il fixera un bref délai dans lequel le créancier opposant devra saisir les juges compétents et justifier de ses diligences (1).

(1) 1. Les créanciers hypothécaires, privilégiés ou gagistes ne peuvent former opposition au concordat. (Devilleneuve et Massé, n° 527.) — Il ne leur nuit point.

2. Les créanciers qui ont concouru au concordat ne peuvent s'y opposer, sauf le cas de dol. (*Ibidem.*)

3. Ceux qui n'auraient été reconnus qu'après le concordat et la huitaine des oppositions, ne peuvent s'y opposer. (Cours d'Aix, 24 août 1829; de Nancy, 14 décembre 1829; de Cassation, 26 avril 1830.) — Ils ont à s'imputer de n'avoir pas fait diligence.

4. Cela est surtout vrai, s'ils ont été mis en demeure de se faire vérifier. (Cours de Paris, 25 février 1820 ; et de Cassation, 19 juin 1821.)

513. L'homologation du concordat sera poursuivie devant le tribunal de commerce, à la requête de la partie la plus diligente, le tribunal ne pourra statuer avant l'expiration du délai de huitaine, fixé par l'article précédent

Si, pendant ce délai, il a été formé des oppositions, le tribunal statuera sur ces oppositions et sur l'homologation par un seul et même jugement.

Si l'opposition est admise, l'annulation du concordat sera prononcée à l'égard de tous les intéressés (1).

514. Dans tous les cas, avant qu'il soit statué sur l'homologation, le juge-commissaire fera au tribunal de commerce un rapport sur les caractères de la faillite et sur l'admissibilité du concordat.

515. En cas d'inobservation des règles ci-dessus prescrites, ou lorsque des motifs tirés, soit de l'intérêt public, soit de l'intérêt des créanciers, paraîtront de nature à empêcher le concordat, le tribunal en refusera l'homologation (2).

5. La déchéance résultant de l'expiration du délai, est opposable même au mineur. (Pardessus, n° 1240.)

6. Du reste, il n'est pas besoin que l'opposition soit spécialement motivée, si le créancier déclare s'en référer aux moyens qu'il a consignés sur le procès verbal du concordat. (Cour de Caen, 20 février 1822.)

(1) 1. La nullité du concordat profite à tous les créanciers, et chacun d'eux peut intervenir sur l'opposition pour y présenter de nouveaux moyens. (Devilleneuve et Massé, n° 533.)

2. Aucun délai n'est imposé pour l'homologation. (Devilleneuve et Massé, n° 553.)

3. Mais cette homologation ne peut être prononcée avant la huitaine qui suit le concordat. Remarquez toutefois qu'elle ne serait nulle même dans ce cas, qu'autant qu'il surviendrait une opposition. (Cour de Colmar, 26 juillet 1826.)

(2) « Les pouvoirs du tribunal de commerce, pour l'ap-

§ II. Des Effets du Concordat.

516. L'homologation du concordat le rendra obligatoire pour tous les créanciers portés ou non portés au bilan, vérifiés ou non vérifiés, et même pour les créanciers domiciliés hors du territoire continental de la France, ainsi que pour ceux qui, en vertu des art. 499 et 500, auraient été admis par provision à délibérer, quelle que soit la somme que le jugement définitif leur attribuerait ultérieurement (1).

préciation du concordat, n'étaient point assez étendus, a dit M. Renouard. Le projet les a augmentés, en appelant le tribunal à examiner ce traité tant dans l'intérêt de l'ordre et de la morale publique, que dans l'intérêt privé des créanciers, s'il a été compromis par des calculs chimériques ou sacrifié à des complaisances coupables, si ce n'est même à des collusions dont les exemples ne sont que trop fréquents. »

1. Le créancier qui ne s'est pas opposé au concordat ne peut attaquer le jugement d'homologation. (Cour de Caen, 25 octobre 1823.)

2. L'homologation peut être frappée d'appel par les créanciers opposants; et le refus d'homologation peut l'être également par celui qui poursuivait cette homologation. (Cour de Paris, 26 juillet 1833.)

3. La mort du failli après le concordat n'empêche pas l'homologation. (Cour de Paris, 23 février 1839.)

(1) 1. Après l'homologation du concordat, le failli ne peut plus prétendre que la vérification des créances ne l'oblige pas. (Rejet, 23 avril 1834.)

2. Et il est obligé de payer tout porteur de titres même non vérifiés, dans la proportion déterminée par le concordat. (Pardessus, nº 1250.)

3. Mais il est libéré pleinement de toutes les dettes dont le concordat porte remise, sans pouvoir jamais être ultérieurement inquiété pour ces mêmes dettes. (Cour de Poitiers, 9 nivôse an XI.)

4. La remise faite par le concordat ne libère ni les cautions, ni les créanciers solidaires. (Cours de Lyon, 14 juin 1626, et 2 avril 1832; de Paris, 2 juin 1831.)

517. L'homologation conservera à chacun des créanciers, sur les immeubles du failli, l'hypothèque inscrite en vertu du troisième paragraphe de l'article 490. A cet effet les syndics feront inscrire aux hypothèques le jugement d'homologation, à moins qu'il n'en ait été décidé autrement par le concordat (1).

518. Aucune action en nullité du concordat ne sera recevable, après l'homologation, que pour cause de dol découvert depuis cette homologation, et résultant, soit de la dissimulation de l'actif, soit de l'exagération du passif (2).

519. Aussitôt après que le jugement d'homologation sera passé en force de chose jugée, les fonctions des syndics cesseront.

Les syndics rendront au failli leur compte définitif, en présence du juge-commissaire, ce compte sera débattu et arrêté. Ils remettront au failli l'uni-

(1) 1. Les meubles du failli sont, après le concordat, affectés au paiement de toutes ses dettes indistinctement, sans que les créanciers de la faillite aient un droit de préférence sur les créanciers postérieurs. (Pardessus, n° 1249.)

(2) 1. L'homologation du concordat n'est pas un obstacle à ce que le failli ne soit ultérieurement poursuivi par le ministère public pour banqueroute simple ou frauduleuse. (Devilleneuve et Massé, n° 577.)

2. Les créanciers ne pourraient alors se porter partie civile que s'il y avait banqueroute frauduleuse, et non dans le cas de banqueroute qui ne suffirait pas pour annuler le concordat. (*Ibidem*, n° 578.)

3. L'action en nullité d'un concordat pour dol dure dix ans, depuis la découverte du dol. (Rejet, 11 décembre 1827.)

(3) La condamnation pour banqueroute simple, intervenue après la formation du concordat, en entraine-t-elle l'annulation ?

« Il peut être dans l'intérêt des créanciers, a dit M. le rapporteur, de maintenir le concordat, quoique le failli concordataire soit condamné pour banqueroute simple, si

versalité de ses biens, livres, papiers et effets. Le failli en donnera décharge.

Il sera dressé du tout procès-verbal par le juge-commissaire, dont les fonctions cesseront.

En cas de contestation, le tribunal de commerce prononcera.

cette condamnation est légère; et de même que vous avez fait céder à l'intérêt général des créanciers la prohibition qui existait dans le Code de commerce, et qui s'opposait à ce que le failli condamné pour banqueroute simple pût être concordataire, vous devez faire céder de même ce principe par voie de conséquence, et décider que la condamnation pour banqueroute simple, intervenue depuis, n'a pas pour effet d'annuler de plein droit le concordat. L'intérêt des créanciers est ce qui domine dans la formation du concordat, et doit dominer aussi dans la conservation du concordat.

» Si le failli concordataire est mis, par l'effet de sa condamnation comme banqueroutier, dans l'impossibilité d'exécuter le concordat, alors les créanciers auront l'action en résolution du concordat, en sorte que leurs intérêts seront toujours à couvert; dès lors il paraissait inutile, et même sous ce rapport préjudiciable, d'admettre ce nouveau principe, que la condamnation en banqueroute simple, intervenue depuis le concordat, aurait pour effet d'annuler ce traité de plein droit; c'eût été en contradiction avec les articles déjà votés, et c'eût été nuire à l'intérêt des créanciers qui peut recommander le principe de l'irrévocabilité du concordat. »

(1) La résolution peut-elle être demandée par un seul créancier?

« Après le concordat formé, a dit le rapporteur, il n'existe plus de masse, plus de communauté, plus de majorité, plus de minorité, plus de droits collectifs; chacun peut poursuivre l'exercice de ses droits individuels par tous les moyens qui lui restent en vertu du concordat. La majorité serait souvent impossible à retrouver, s'il s'est écoulé par exemple plusieurs années depuis la formation du concordat. Ce serait soumettre à une condition impossible la résolution qu'il importe de prononcer. Il pourrait

§ III. De l'Annulation ou de la Résolution du Concordat.

520. L'annulation du concordat, soit pour dol, soit par suite de condamnation pour banqueroute frauduleuse intervenue après son homologation, libère de plein droit les cautions.

En cas d'inexécution, par le failli, des conditions de son concordat, la résolution de ce traité pourra être poursuivie contre lui devant le tribunal de commerce, en présence des cautions, s'il en existe, ou elles dûment appelées.

La résolution du concordat ne libérera pas les cautions qui y seront intervenues pour en garantir l'exécution totale ou partielle (1).

521. Lorsque, après l'homologation du concordat, le failli sera poursuivi pour banqueroute frauduleuse et placé sous mandats de dépôt ou d'arrêt, le tri-

même arriver que la majorité fût désintéressée, et qu'elle n'eût plus aucun intérêt à faire prononcer la résolution. »

1. Le failli concordataire peut aliéner et hypothéquer ses immeubles, quand même il n'aurait pas rempli les conditions de son concordat. (Cassation, 11 floréal an XI; Cour de Paris, 10 février 1813.)

2. Les syndics ne sont pas dispensés de rendre compte au failli, par cela seul qu'ils l'auraient laissé administrer la faillite; mais il leur doit lui-même préalablement un compte de cette administration. (Cour de Paris, 14 avril 1831.)

(1) 1. La résolution du concordat peut être poursuivie par tout créancier ayant intérêt, sans qu'il soit besoin du consentement de la majorité de ceux qui y ont pris part. (*Mon.* du 6 avril 1838.)

2. L'annulation ou résolution du concordat fait revivre la faillite sur ses anciens errements. (Devilleneuve et Massé, n° 618.)

3. Le concordat est annulé par la condamnation pour banqueroute frauduleuse prononcée même par contumace. (Cour de Montpellier, 5 août 1836.)

bunal de commerce pourra prescrire telles mesures conservatoires qu'il appartiendra. Ces mesures cesseront de plein droit du jour de la déclaration qu'il n'y a lieu à suivre, de l'ordonnance d'acquittement ou de l'arrêt d'absolution.

522. Sur le vu de l'arrêt de condamnation pour banqueroute frauduleuse, ou par le jugement qui prononcera, soit l'annulation, soit la résolution du concordat, le tribunal de commerce nommera un juge-commissaire et un ou plusieurs syndics.

Ces syndics pourront faire apposer les scellés.

Ils procéderont, sans retard, avec l'assistance du juge de paix, sur l'ancien inventaire, au récolement des valeurs, actions et des papiers, et procéderont, s'il y a lieu, à un supplément d'inventaire.

Ils dresseront un bilan supplémentaire.

Ils feront immédiatement afficher et insérer dans les journaux à ce destinés, avec un extrait du jugement qui les nomme, invitation aux créanciers nouveaux, s'il en existe, de produire, dans le délai de vingt jours, leurs titres de créances à la vérification. Cette invitation sera faite aussi par lettres du greffier, conformément aux art. 492 et 493.

523. Il sera procédé, sans retard, à la vérification des titres de créances produits en vertu de l'art. précédent.

Il n'y aura pas lieu à nouvelles vérifications des créances antérieurement admises et affirmées, sans préjudice néanmoins du rejet ou de la réduction de celles qui depuis auraient été payées en tout ou en partie (1).

(1) « Lorsque, dit M. Renouard, un concordat est annulé ou résolu, la faillite peut facilement être reprise sur ses derniers errements, s'il n'y a pas de créanciers nouveaux ; mais, s'il en existe, leur concours avec les créanciers anciens ouvre une faillite nouvelle qui ne peut échapper aux

524. Ces opérations mises à fin, s'il n'intervient pas de nouveau concordat, les créanciers seront convoqués à l'effet de donner leur avis sur le maintien ou le remplacement des syndics.

Il ne sera procédé aux répartitions qu'après l'expiration, à l'égard des créanciers nouveaux, des délais accordés aux personnes domiciliées en France, par les articles 492 et 497 (1).

525. Les actes faits par le failli postérieurement au jugement d'homologation, et antérieurement à l'annulation ou à la résolution du concordat, ne seront annulés qu'en cas de fraude aux droits des créanciers.

526. Les créanciers antérieurs au concordat rentreront dans l'intégralité de leurs droits à l'égard du failli seulement; mais ils ne pourront figurer dans la masse que pour les proportions suivantes, savoir :

S'ils n'ont touché aucune part du dividende, pour

formalités prescrites par le Code, pour vérifier et constater les droits de chacun. Sous le Code, les créanciers de l'ancienne faillite étaient sacrifiés aux créanciers nouveaux. Si une remise de 60 pour 100 avait été faite par le concordat et que la perte fût de 90 pour 100 dans la seconde faillite, les créanciers anciens n'avaient droit qu'à un dixième des 40 pour 100, auxquels ils avaient consenti à réduire leur créance originaire. Une telle combinaison blessait profondément l'équité. La remise n'est consentie par les créanciers qu'en vue et à condition du paiement partiel qui leur est promis. S'ils ont reçu une partie de leur dividende, qu'une part correspondante de leur créance première se trouve éteinte, rien de plus juste; mais toute la part de leur créance première correspondante au dividende qui leur a été promis, et qui ne leur a pas été payé, doit revivre à leur profit. »

(1) 1. Il va sans dire qu'un nouveau concordat ne peut intervenir qu'autant que les causes d'annulation de l'ancien ne rendent pas le failli incapable de l'obtenir. (*Mon.* du 6 avril 1838.)

l'intégralité de leurs créances; s'ils ont reçu une partie du dividende, pour la portion de leurs créances primitives correspondantes à la portion du dividende promis qu'ils n'auront pas touchée.

Les dispositions du présent article seront applicables au cas où une seconde faillite viendra à s'ouvrir, sans qu'il y ait eu préalablement annulation ou résolution du concordat.

SECTION III.

De la clôture en cas d'insuffisance de l'actif.

527. Si, à quelque époque que ce soit, avant l'homologation du concordat ou la formation de l'union, le cours des opérations de la faillite se trouve arrêté par insuffisance de l'actif, le tribunal de commerce pourra, sur le rapport du juge-commissaire, prononcer, même d'office, la clôture des opérations de la faillite.

Ce jugement fera rentrer chaque créancier dans l'exercice de ses actions individuelles, tant contre les biens que contre la personne du failli.

Pendant un mois, à partir de sa date, l'exécution de ce jugement sera suspendue (1).

(1) C'est ici une innovation : « Elle est juste, dit M. Renouard dans son rapport. Pourquoi continuer nominalement des opérations que l'on ne peut pas mettre à fin et dont l'unique résultat est de tenir en suspens l'état du failli, la condition des créanciers et des tiers avec lesquels il contracterait, et de surcharger d'affaires inutiles les rôles et les greffes des tribunaux? Cette clôture doit avoir des effets sévères, car tout porte à croire que le failli ne sera arrivé à cette absorption totale de son actif que par des fraudes ou des négligences bien peu pardonnables. Une analogie assez sensible devait exister entre cette clôture par insuffisance d'actif et les cas de clôture de l'union après li-

528. Le failli, ou tout autre intéressé, pourra, à toute époque, le faire rapporter par le tribunal, en justifiant qu'il existe des fonds pour faire face aux frais des opérations de la faillite, ou en faisant consigner, entre les mains des syndics somme suffisante pour y pourvoir.

Dans tous les cas, les frais des poursuites exercées en vertu de l'article précédent devront être préalablement acquittés.

SECTION IV.

De l'union des créanciers.

529. S'il n'intervient point de concordat, les créanciers seront de plein droit en état d'union.

Le juge-commissaire les consultera immédiatement, tant sur les faits de la gestion que sur l'utilité du maintien ou du remplacement des syndics. Les créanciers privilégiés, hypothécaires ou nantis d'un gage, seront admis à cette délibération.

Il sera dressé procès-verbal des dires et observations des créanciers, et, sur le vu de cette pièce, le tribunal de commerce statuera comme il est dit à l'art. 462.

Les syndics qui ne seraient pas maintenus devront rendre leur compte aux nouveaux syndics, en pré-

quidation totale. Dans cet esprit, l'article dispose que chaque créancier rentrera dans l'exercice de ses actions individuelles, tant contre les biens que contre la personne du débiteur. A ce mot *débiteur*, la commission a substitué le mot *failli*, afin qu'il demeure bien constant que l'état de faillite et toutes les incapacités qui en découlent continuent à subsister comme après la clôture de l'union. C'est pour exprimer la même pensée qu'au lieu de *clôture de la faillite*, la commission a dit : *clôture des opérations de la faillite.* »

sence du juge-commissaire, le failli dûment appelé(1).

530. Les créanciers seront consultés sur la question de savoir si un secours pourra être accordé au failli sur l'actif de la faillite.

Lorsque la majorité des créanciers présents y aura consenti, une somme pourra être accordée au failli à titre de secours sur l'actif de la faillite. Les syndics en proposeront la quotité, qui sera fixée par le juge-commissaire, sauf recours au tribunal de commerce, de la part des syndics seulement.

531. Lorsqu'une société de commerce sera en faillite, les créanciers pourront ne consentir de concordat qu'en faveur d'un ou de plusieurs des associés.

En ce cas, tout l'actif social demeurera sous le régime de l'union. Les biens personnels de ceux avec lesquels le concordat aura été consenti en seront exclus, et le traité particulier passé avec eux ne pourra contenir l'engagement de payer un dividende que sur des valeurs étrangères à l'actif social.

L'associé qui aura obtenu un concordat particulier sera déchargé de toute solidarité (2).

(1) 1. Sous l'ancienne loi, l'union n'avait pas lieu de plein droit. Elle se formait par un *contrat* qui devait être converti par la majorité des créanciers. (Pardessus, nº 1253.)

2. Les syndics nommés ou confirmés en cas d'union conservent leur caractère de syndics; sous l'ancienne loi, ils étaient les mandataires des créanciers, révocables à leur volonté, sans l'intervention du tribunal. (*Ibidem*. Devilleneuve et Massé, nº 639.)

(2) M. Renouard justifiait cette innovation en ces termes: « Le Code de commerce se taisait sur les faillites des sociétés. Il s'en rapportait aux principes du droit commun sur la solidarité, sans permettre en aucun cas aux créanciers de traiter diversement plusieurs associés, encore que leur conduite méritât des conditions différentes. Un associé pouvait être absent pendant que ses co-associés dilapidaient l'actif; ils pouvaient être de bonne foi, lorsque des actes

532. Les syndics représentent la masse des créanciers et sont chargés de procéder à la liquidation.

frauduleux ou insensés engageaient et perdaient sa maison; sa fortune particulière, celle de sa femme ou de sa famille, pouvaient, en dehors de l'actif social, acquitter une forte part de la dette; et, devant toutes ces considérations, l'application rigoureuse des principes absolus de la solidarité et de l'unité fictive de la personne sociale empêcherait d'adoucir en rien sa position individuelle. Souvent cette rigueur blessait l'équité et nuisait aux créanciers. Il est juste d'accorder faveur à celui des associés qui, par une meilleure conduite, a mérité d'être distingué des autres, et qui peut offrir à ses créanciers des avantages particuliers; mais cette faveur cesserait d'être équitable, si on allait jusqu'à affecter à la libération personnelle de l'un des membres de la société aucune portion de l'actif qui appartient collectivement à tous. Ce serait briser les principes de la solidarité, qu'il n'est possible de faire fléchir, dans ce cas, que pour ce qui concerne les co-associés entre eux. L'actif social demeurera donc tout entier sous le régime de l'union, et sera intégralement consacré à l'extinction de la dette sociale.

» Une disposition finale du projet subrogeait l'associé favorisé d'un concordat particulier aux droits des créanciers contre ses co-associés, pour la part dont le dividende par lui payé en dehors de l'actif aurait diminué la dette de la société. Votre commission a supprimé cette dispostion, et s'en est référée à l'application du droit commun. En la maintenant, on s'opposerait à cette injuste conséquence de faire figurer l'associé concordataire au nombre des créanciers de ses co-associés, en telle sorte qu'on le verrait prétendre à venir en partage avec les créanciers mêmes qui lui auraient accordé une remise. Telle n'était pas certainement l'intention du projet. Les principes généraux du droit satisferont à tous les cas, et ne laisseront pas place à une difficulté de cette nature.

» Restreinte dans ces limites, la faculté d'un concordat particulier, équitable et humaine pour l'associé failli, tournera à l'avantage des créanciers, en leur procurant un dividende sur lequel ils n'auraient pas à compter sans cela. »

Néanmoins les créanciers pourront leur donner mandat pour continuer l'exploitation de l'actif.

La délibération qui leur conférera ce mandat, en déterminera la durée et l'étendue, et fixera les sommes qu'ils pourront garder entre leurs mains, à l'effet de pourvoir aux frais et dépenses. Elle ne pourra être prise qu'en présence du juge-commissaire, et à la majorité des trois quarts des créanciers en nombre et en somme.

La voie de l'opposition sera ouverte contre cette délibération au failli et aux créanciers dissidents.

Cette opposition ne sera pas suspensive de l'exécution (1).

533. Lorsque les opérations des syndics entraîneront des engagements qui excéderaient l'actif de l'union, les créanciers qui auront autorisé ces opérations seront seuls tenus personnellement au delà de leur part dans l'actif, mais seulement dans les limites du mandat qu'ils auront donné ; ils contribueront au prorata de leurs créances (2).

534. Les syndics sont chargés de poursuivre la vente des immeubles, marchandises et effets mobi-

(1) 1. Les intérêts distincts ou opposés à ceux de la masse ne sont pas représentés par les syndics. (Cassation, 25 juillet 1814.)

2. Aussi les créanciers hypothécaires peuvent-ils former tierce opposition aux jugements rendus avec les syndics, et relatifs aux hypothèques existant sur les immeubles. (Cassation, 25 juillet 1814, et 13 juin 1837.) — Ou à la propriété de ces mêmes immeubles. (Cassation, 22 janvier 1833.)

3. Les syndics ne représentent pas non plus les créanciers privilégiés, sur les questions de préférence qui s'élèvent entre eux. (Rejet, 11 mars 1835.)

(2) 1. Les syndics qui ont outrepassé leur mandat sont personnellement responsables de ce qu'ils ont fait sans pouvoirs. (Devilleneuve et Massé, n° 646.)

liers du failli, et la liquidation de ses dettes actives et passives; le tout sous la surveillance du juge-commissaire, et sans qu'il soit besoin d'appeler le failli.

535. Les syndics pourront, en se conformant aux règles prescrites par l'article 487, transiger sur toute espèce de droit appartenant au failli, nonobstant toute opposition de sa part (1).

536. Les créanciers en état d'union seront convoqués, au moins une fois dans la première année, et, s'il y a lieu, dans les années suivantes par le juge-commissaire.

Dans ces assemblées, les syndics devront rendre compte de leur gestion.

Ils seront continués ou remplacés dans l'exercice de leurs fonctions, suivant les formes prescrites par les articles 462 et 529 (2).

(1) 1. Ils ne peuvent pas compromettre. (Devilleneuve et Massé, n° 415.) — Toutefois un arrêt de rejet du 6 février 1827 leur a reconnu ce droit. Il était plus facile de l'admettre sous l'ancienne loi qui déclarait les syndics mandataires des créanciers, et ne limitait pas leurs pouvoirs.

2. Les demandes formées par les syndics sont dispensées du préliminaire de conciliation. (Cour de Paris, 10 juin 1836.)

(2) 1. Les syndics répondent de leur fraude ou faute grave; mais solidairement. (Pardessus, n° 1257; Rejet, 26 juillet 1836.)

2. Ils ont privilége pour le montant de leurs avances, sur les premiers fonds recouvrés. (*Ibidem.*) — Ce privilége s'exerce même contre les créanciers hypothécaires. (Cour de Colmar, 1er juin 1831.)

3. Mais ils n'ont pas pour ce recouvrement une action solidaire contre les créanciers. (Cour de Bordeaux, 24 avril 1838.)

4. Le compte des syndics approuvé par les créanciers ne peut être attaqué par le failli que pour omissions, faux ou doubles emplois. (Rejet, 25 mars 1826.)

537. Lorsque la liquidation de la faillite sera terminée, les créanciers seront convoqués par le juge-commissaire.

Dans cette dernière assemblée, les syndics rendront leur compte. Le failli sera présent ou dûment appelé.

Les créanciers donneront leur avis sur l'excusabilité du failli. Il sera dressé, à cet effet, un procès-verbal dans lequel chacun des créanciers pourra consigner ses dires et observations.

Après la clôture de cette assemblée, l'union sera dissoute de plein droit (1).

538. Le juge-commissaire présentera au tribunal la délibération des créanciers relative à l'excusabilité du failli, et un rapport sur les caractères et les circonstances de la faillite.

Le tribunal prononcera si le failli est ou non excusable.

539. Si le failli n'est pas déclaré excusable, les créanciers rentreront dans l'exercice de leurs actions individuelles, tant contre sa personne que sur ses biens.

S'il est déclaré excusable, il demeurera affranchi de la contrainte par corps à l'égard des créanciers de sa faillite, et ne pourra plus être poursuivi par eux que sur ses biens, sauf les exceptions prononcées par les lois spéciales (2).

540. Ne pourront être déclarés excusables, les

(1) 1. Lorsque l'union est dissoute, s'il advient d'autres biens au failli, les créanciers qui ont obtenu leur paiement sur ces biens, ne sont pas obligés de le rapporter à la masse. (Pardessus.)

(2) 1. Celui des créanciers rentrés dans l'exercice de leurs droits en vertu de cet article, qui aurait obtenu son paiement, ne serait pas obligé d'appeler au partage les autres créanciers. (Devilleneuve et Massé, nº 658.)

banqueroutiers frauduleux, les stellionataires, les personnes condamnées pour vol, escroquerie ou abus de confiance, les comptables de deniers publics (1).

541. Aucun débiteur commerçant ne sera recevable à demander son admission au bénéfice de cession de biens (2).

CHAPITRE VII.

DES DIFFÉRENTES ESPÈCES DE CRÉANCIERS, ET DE LEURS DROITS EN CAS DE FAILLITE.

SECTION Ire.

Des Co-obligés et des Cautions.

542. Le créancier porteur d'engagements souscrits, endossés ou garantis solidairement par le failli et d'autres co-obligés qui sont en faillite, participera aux distributions dans toutes les masses, et y figurera

(1) 1. Quant aux banqueroutiers simples, même en récidive, ils ne sont pas exclus par la loi du bénéfice d'excusabilité. C'est au tribunal à apprécier leur conduite. MM. Parant et Réalier-Dumas avaient demandé qu'ils fussent déclarés non excusables. Cette proposition avait été adoptée en 1835, quant aux banqueroutiers simples en récidive; mais elle a disparu en 1838.

(2) M. Renouard a fait remarquer sur cette innovation que le négociant réduit à la cession de biens est en état de faillite; que la cession volontaire n'est autre chose qu'un concordat, et la cession judiciaire n'est autre chose que l'union. D'un autre côté, la cession de biens attribuait compétence aux tribunaux civils, tandis que la faillite est soumise aux tribunaux de commerce : anomalie d'attributions sans utilité.

pour la valeur nominale de son titre jusqu'à parfait paiement (1).

543. Aucun recours, pour raison des dividendes payés, n'est ouvert aux faillites des co-obligés les unes contre les autres, si ce n'est lorsque la réunion des dividendes que donneraient ces faillites excéderait le montant total de la créance, en principal et accessoires, auquel cas cet excédant sera dévolu, suivant l'ordre des engagements, à ceux des co-obligés qui auraient les autres pour garants (2).

544. Si le créancier porteur d'engagements solidaires entre le failli et d'autres co-obligés a reçu, avant la faillite, un à-compte sur sa créance, il ne sera compris dans la masse que sous la déduction de cet à-compte, et conservera, pour ce qui lui restera dû, ses droits contre le co-obligé ou la caution.

Le co-obligé ou la caution qui aura fait le paiement partiel sera compris dans la même masse pour tout ce qu'il aura payé à la décharge du failli (3).

(1) Cet article et les suivants font disparaître la plupart des difficultés qui s'étaient élevées sous l'ancienne loi sur les droits et obligations des co-obligés en cas de faillite. (Duvergier.)

(2) Cet article est applicable, surtout au cas où le titre de créance est un effet de commerce revêtu de plusieurs endossements successifs. (Devilleneuve et Massé, n° 720.)

2. Le porteur d'obligations commerciales souscrites par des débiteurs solidaires peut, après avoir reçu une partie de sa créance de l'un des débiteurs, se présenter à la faillite de l'autre, et y toucher un dividende dans la proportion de la totalité de sa créance, pourvu qu'il ne reçoive pas au delà du montant total de son titre. (Rejet, 28 avril 1817.)

(3) 1. Cet article doit être entendu de manière que le titre soit des co-obligés, soit de la caution, soit du créan-

545. Nonobstant le concordat, les créanciers conservent leur action pour la totalité de leur créance contre les co-obligés du failli.

SECTION II.

Des Créanciers nantis de gage, et des Créanciers privilégiés sur les Biens meubles.

546. Les créanciers du failli qui seront valablement nantis de gages ne seront inscrits dans la masse que pour mémoire (1).

547. Les syndics pourront, à toute époque, avec l'autorisation du juge-commissaire, retirer les gages au profit de la faillite, en remboursant la dette.

548. Dans le cas où le gage ne sera pas retiré par les syndics, s'il est vendu par le créancier moyennant un prix qui excède la créance, le surplus sera recouvré par les syndics; si le prix est moindre que la créance, le créancier nanti viendra à contribution pour le surplus, dans la masse, comme créancier ordinaire.

cier principal, ne figure qu'une seule fois au passif de la faillite. (Pardessus, n° 1255.)

2. Par exemple, quand le porteur d'une traite a été admis successivement dans la faillite du tireur et dans celle de l'accepteur, si le tireur et l'accepteur exercent ensuite leur recours dans la faillite du donneur d'ordre, ils ne peuvent être admis simultanément comme créanciers du montant total de la lettre de change. Ce serait obliger le donneur d'ordre à payer deux fois la traite. (Cassation, 1er février 1824.)

(1) On avait demandé que les syndics fussent appelés à la vente du gage. Le rapporteur a répondu que l'article se réfère nécessairement pour cette vente aux dispositions du Code civil. (Duvergier.) — C'est conforme à l'opinion de M. Vincens. (T. 1er, p. 514.)

1. Le créancier nanti d'un gage ne peut se présenter à la

549. Le salaire acquis aux ouvriers employés directement par le failli pendant le mois qui aura précédé la déclaration de faillite, sera admis au nombre des créances privilégiées, au même rang que le privilége établi par l'article 2101 du Code civil pour le salaire des gens de service.

Les salaires dus aux commis pour les six mois qui auront précédé la déclaration de faillite seront admis au même rang (1).

550. Le privilége et le droit de revendication, établis par le n° 4 de l'art. 2102 du Code civil, au profit du vendeur d'effets mobiliers, ne seront point admis en cas de faillite.

551. Les syndics présenteront au juge-commissaire l'état des créanciers se prétendant privilégiés sur les biens meubles, et le juge-commissaire autorisera, s'il y a lieu, le paiement de ces créanciers sur les premiers deniers rentrés.

Si le privilége est contesté, le tribunal prononcera.

faillite avant d'avoir fait vendre le gage, et en avoir imputé le prix sur sa créance. (Cour de Paris, 16 décembre 1836.)

(1) « Votre commission a cru nécessaire, a dit M. Renouard, d'indiquer qu'il ne s'agit que des ouvriers directement employés par le failli. En effet, lorsqu'ils sont mis en œuvre par un entrepreneur, c'est à lui qu'ils doivent s'adresser, puisqu'il est directement responsable envers eux. Au surplus, cette concession de privilége, est, on le voit, une innovation. »

Les commis sont-ils compris parmi les gens de service? La jurisprudence a varié à cet égard, et les cours royales sont divisées. Votre commission a d'autant moins hésité à trancher législativement cette difficulté, qu'elle a souhaité tout à la fois assurer le privilége des commis, et ne pas lui donner une durée d'une année; elle a, en conséquence, consacré leur privilége, mais en le bornant à six mois. »

Sauf l'exception portée par cet article, le droit commun est maintenu en matière de privilége. (Duvergier.)

SECTION III.

Des droits des Créanciers hypothécaires et privilégiés sur les Immeubles.

552. Lorsque la distribution du prix des immeubles sera faite antérieurement à celle du prix des biens meubles, ou simultanément, les créanciers privilégiés ou hypothécaires, non remplis sur le prix des immeubles, concourront, à proportion de ce qui leur restera dû, avec les créanciers chirographaires, sur les deniers appartenant à la masse chirographaire, pourvu toutefois que leurs créances aient été vérifiées et affirmées suivant les formes ci-dessus établies.

553. Si une ou plusieurs distributions des deniers mobiliers précèdent la distribution du prix des immeubles, les créanciers privilégiés et hypothécaires, vérifiés et affirmés, concourront aux répartitions dans la proportion de leurs créances totales, et sauf, le cas échéant, les distractions dont il sera parlé ci-après.

554. Après la vente des immeubles et le règlement définitif de l'ordre entre les créanciers hypothécaires et privilégiés, ceux d'entre eux qui viendront en ordre utile sur le prix des immeubles pour la totalité de leur créance, ne toucheront le montant de leur collocation hypothécaire que sous la déduction des sommes par eux perçues dans la masse chirographaire.

Les sommes ainsi déduites ne resteront point dans la masse hypothécaire, mais retourneront à la masse chirographaire, au profit de laquelle il en sera fait distraction (1).

(1) 1. Cette disposition s'applique au cas où l'hypothèque affecte des immeubles situés en pays étranger, comme au cas où elle frappe des immeubles situés en France. (Cour de Paris, 16 juillet 1831.)

555. A l'égard des créanciers hypothécaires qui ne seront colloqués que partiellement dans la distribution du prix des immeubles, il sera procédé comme il suit : leurs droits sur la masse chirographaire seront définitivement réglés d'après les sommes dont ils resteront créanciers après leur collocation immobilière, et les deniers qu'ils auront touchés au delà de cette proportion, dans la distribution antérieure, leur seront retenus sur le montant de leur collocation hypothécaire, et reversés dans la masse chirographaire (1).

556. Les créanciers qui ne viennent point en ordre utile, seront considérés comme chirographaires et soumis comme tels aux effets du concordat et de toutes les opérations de la masse chirographaire.

SECTION IV.

Des droits des Femmes.

557. En cas de faillite du mari, la femme dont les apports en immeubles ne se trouveraient pas mis en communauté, reprendra en nature lesdits immeubles et ceux qui lui seront survenus par succession ou par donation entre-vifs ou testamentaire (2).

(1) Malgré ce concordat, les créanciers hypothécaires peuvent exercer contre le failli une action en stellionat. (Cour de Paris, 26 février 1833, et de Bordeaux, 9 décembre 1834.)

(2) M. Renouard a dit que les scandales qu'avaient donnés, avant la promulgation du Code de commerce, des faillites à la suite desquelles les femmes des faillis insultaient par leur opulence à la misère des créanciers, avaient excité une vive indignation. « Mais, a-t-il dit, une juste indignation peut entraîner à d'injustes rigueurs. Le Code de commerce n'a pas échappé à cet excès. Votre commission

558. La femme reprendra pareillement les immeubles acquis par elle et en son nom, les deniers provenant desdites successions et donations, pourvu que la déclaration d'emploi soit expressément stipulée au contrat d'acquisition, et que l'origine des deniers soit constatée par inventaire ou par tout autre acte authentique.

559. Sous quelque régime qu'ait été formé le contrat de mariage, hors le cas prévu par l'article précédent, la présomption légale est que les biens acquis par la femme du failli appartiennent à son mari, ont été payés de ses deniers, et doivent être réunis à la masse de son actif, sauf à la femme à fournir la preuve du contraire.

560. La femme pourra reprendre en nature les effets mobiliers qu'elle s'est constitués par contrat de mariage, ou qui lui sont advenus par succession, donation entre-vifs ou testamentaire, et qui ne seront pas entrés en communauté, toutes les fois que l'identité en sera prouvée par inventaire ou tout autre acte authentique.

A défaut, par la femme, de faire cette preuve, tous les effets mobiliers, tant à l'usage du mari qu'à celui de la femme, sous quelque régime qu'ait été contracté le mariage, seront acquis aux créanciers, sauf aux syndics à lui remettre, avec l'autorisation du juge-commissaire, les habits et linge nécessaires à son usage (1).

a même pensé que les modifications introduites par le projet de loi n'ont pas toujours suffisamment adouci le sort des femmes, sans toutefois qu'il faille manquer de prévoyance et permettre aux abus de renaître. »

« Il faut faire remarquer, a dit M. Golbéry, que l'art. 557 est rédigé de manière à lever les doutes de ceux qui lui reprochaient de ne pas excepter des reprises des femmes les immeubles qui avaient subi la clause de l'ameublissement. »

(1) 1. Sous l'ancien Code, la femme ne pouvait repren-

561. L'action en reprise, résultant des dispositions des articles 557 et 558, ne sera exercée par la femme qu'à la charge des dettes et hypothèques dont les biens sont légalement grevés, soit que la femme s'y soit obligée volontairement, soit qu'elle y ait été condamnée.

562. Si la femme a payé des dettes pour son mari, la présomption légale est qu'elle l'a fait des deniers de celui-ci, et elle ne pourra, en conséquence, exercer aucune action dans la faillite, sauf la preuve contraire, comme il est dit à l'art. 559 (1).

563. Lorsque le mari sera commerçant au moment de la célébration du mariage, ou lorsque, n'ayant pas alors d'autre profession déterminée, il sera devenu commerçant dans l'année, les immeubles qui lui appartiendraient à l'époque de la célébration du mariage, ou qui lui seraient advenus depuis, soit par succession, soit par donation entre-vifs ou testamentaire, seront seuls soumis à l'hypothèque de la femme:

1° Pour les deniers et effets mobiliers qu'elle aura apportés en dot, ou qui lui seront advenus depuis le

dre que les bijoux, diamants, vaisselle d'or et d'argent qu'elle justifiait par état ou inventaire lui avoir été donnés par contrat de mariage, ou lui être advenus par succession *seulement*. Tous les autres effets mobiliers appartenaient à la masse, sauf les linges et hardes à l'usage de la femme. (Devilleneuve et Massé, n° 767.)

2. La femme qui veut reprendre ses apports doit justifier par acte authentique de leur paiement réel. Il ne suffirait pas, sur ce dernier point, de présomptions plus ou moins graves. (Cassation, 21 février 1827, et 21 juin 1828.)

3. A moins que l'acte de célébration ne vaille quittance. (Rejet, 19 janvier 1836.)

(1) 1. La femme qui a cautionné les dettes du mari et les a payées de ses propres biens, peut prendre part comme créancière chirographaire aux répartitions de la faillite. (Devilleneuve et Massé, n° 765.)

mariage par succession ou donation entre-vifs ou testamentaire, et dont elle prouvera la délivrance ou le paiement par acte ayant date certaine; 2° pour le remploi de ses biens aliénés pendant le mariage; 3° pour l'indemnité des dettes par elle contractées avec son mari (1).

564. La femme dont le mari était commerçant à l'époque de la célébration du mariage, ou dont le mari, n'ayant pas alors d'autre profession déterminée, sera devenu commerçant dans l'année qui suivra cette célébration, ne pourra exercer dans la faillite aucune action à raison des avantages portés au contrat de mariage; et, dans ce cas, les créanciers ne pourront, de leur côté, se prévaloir des avantages faits par la femme au mari dans ce même contrat (2).

(1) 1. L'ancienne loi excluait de l'hypothèque légale de la femme les immeubles échus au mari par succession, donation ou legs. (Devilleneuve et Massé, n° 770.)

(2) 1. Sous l'ancien Code, la femme ne pouvait en aucun cas se prévaloir des avantages portés en son contrat de mariage. (Devilleneuve et Massé, n° 775.)

2. Toutes les fois que la femme a des droits à exercer en cas de faillite, ses créanciers personnels peuvent les exercer à sa place, quoique la séparation de biens n'ait pas été prononcée. (Pardessus, n° 1224.)

3. Le mari dont la femme a fait faillite est tenu des dettes, quel que soit le régime du mariage. (Pardessus, n° 1226.)

4. L'exercice par le mari d'une profession déterminée, autre que celle de négociant, au moment du mariage, n'empêche pas l'application de cet article, lorsque le mari se livrait à des opérations de commerce. (Rejet, 5 juillet 1837.)

CHAPITRE VIII.

DE LA RÉPARTITION ENTRE LES CRÉANCIERS ET DE LA LIQUIDATION DU MOBILIER.

565. Le montant de l'actif mobilier, distraction faite des frais et dépenses de l'administration de la faillite, des secours qui auraient été accordés au failli ou à sa famille, et des sommes payées aux créanciers privilégiés, sera réparti entre tous les créancier au marc le franc de leurs créances vérifiées et affirmées.

566. A cet effet, les syndics remettront tous les mois, au juge-commissaire, un état de situation de la faillite et des deniers déposés à la caisse des dépôts et consignations; le juge-commissaire ordonnera, s'il y a lieu, une répartition entre les créanciers, en fixera la quotité, et veillera à ce que tous les créanciers en soient avertis.

567. Il ne sera procédé à aucune répartition entre les créanciers domiciliés en France, qu'après la mise en réserve de la part correspondante aux créances pour lesquelles les créanciers domiciliés hors du territoire continental de la France seront portés sur le bilan.

Lorsque ces créances ne paraîtront pas portées sur le bilan d'une manière exacte, le juge-commissaire pourra décider que la réserve sera augmentée, sauf aux syndics à se pourvoir contre cette décision devant le tribunal de commerce.

568. Cette part sera mise en réserve et demeurera à la caisse des dépôts et consignations, jusqu'à l'expiration du délai déterminé par le dernier paragraphe de l'article 492; elle sera répartie entre les créanciers reconnus, si les créanciers domiciliés en pays

étranger n'ont pas fait vérifier leurs créances, conformément aux dispositions de la présente loi.

Une pareille réserve sera faite pour raison de créances sur l'admission desquelles il n'aurait pas été statué définitivement.

569. Nul paiement ne sera fait par les syndics que sur la représentation du titre constitutif de la créance.

Les syndics mentionneront sur le titre la somme payée par eux ou ordonnancée conformément à l'article 489.

Néanmoins en cas d'impossibilité de représenter le titre, le juge-commissaire pourra autoriser le paiement sur le vu du procès-verbal de vérification.

Dans tous les cas, le créancier donnera quittance en marge de l'état de répartition.

570. L'union pourra se faire autoriser par le tribunal de commerce, le failli dûment appelé, à traiter à forfait de tout ou partie des droits et actions dont le recouvrement n'aurait pas été opéré, et à les aliéner; en ce cas, les syndics feront tous les actes nécessaires.

Tout créancier pourra s'adresser au juge-commissaire pour provoquer une délibération de l'union à cet égard (1).

CHAPITRE IX.

DE LA VENTE DES IMMEUBLES DU FAILLI.

571. A partir du jugement qui déclarera la faillite, les créanciers ne pourront poursuivre l'expropriation des immeubles sur lesquels ils n'auront pas d'hypothèques.

(1) 1. Les syndics doivent convoquer les créanciers pour délibérer sur la vente à forfait des créances à recouvrer; la délibération sera homologuée par le tribunal. (Pardessus, nº 1257.) — Cela résulte de ce que c'est l'*union* (et non pas les syndics seuls) qui doit être autorisée.

572. S'il n'y a pas de poursuite en expropriation des immeubles commencée avant l'époque de l'union, les syndics seuls seront admis à poursuivre la vente; ils seront tenus d'y procéder dans la huitaine, sous l'autorisation du juge-commissaire, suivant les formes prescrites pour la vente des biens des mineurs.

573. La surenchère, après adjudication des immeubles du failli sur la poursuite des syndics, n'aura lieu qu'aux conditions et dans les formes suivantes :

La surenchère devra être faite dans la quinzaine.

Elle ne pourra être au-dessous du dixième du prix principal de l'adjudication. Elle sera faite au greffe du tribunal civil, suivant les formes prescrites par les articles 710 et 711 du Code de procédure civile; toute personne sera admisé à surenchérir.

Toute personne sera également admise à concourir à l'adjudication par suite de surenchère. Cette adjudication demeurera définitive et ne pourra être suivie d'aucune autre surenchère (1).

CHAPITRE X.

DE LA REVENDICATION.

574. Pourront être revendiquées, en cas de fail-

(1) Lorsque la vente est poursuivie par les créanciers, elle a lieu dans les formes des saisies immobilières. (Pardessus, n° 1265.)

2. Dans tous les cas, la vente des immeubles se poursuit devant le tribunal civil. (Avis du Conseil d'état, 4 décembre 1810.)

3. Ils ne doivent pas être vendus au comptant, s'il est dans l'intérêt de la masse d'accorder des délais pour le paiement du prix. (Cour de Metz, 18 décembre 1816.)

4. L'adjudicataire se libère valablement entre les mains des syndics; et c'est à eux qu'il doit faire offres réelles. (Rejet, 11 mai 1825.)

lite, les remises en effets de commerce ou autres titres non encore payés, et qui se trouveront en nature dans le portefeuille du failli à l'époque de sa faillite, lorsque ces remises auront été faites par le

(1) On proposait d'excepter le cas où le failli serait, de son côté, créancier de celui qui a fait les remises, c'est-à-dire que, lorsqu'une somme aurait été remise à titre de dépôt ou mandat, celui qui aurait reçu ce dépôt ou mandat pût se payer sur les sommes à lui confiées avec une destination déterminée.

On a vu dans cette proposition une violation du mandat et du dépôt, et une violation du principe d'après lequel la compensation ne peut avoir lieu qu'entre des créances liquides et certaines, et aussi de l'art. 1293 du Code civil, qui prohibe la compensation entre les objets déposés et les créances du déposant.

L'amendement n'a pas eu de suites.

(2) L'article 584 du Code de commerce admettait la revendication pour les remises d'effets de commerce faites sans acceptation ni disposition, si elles étaient entrées dans un compte courant par lequel le propriétaire n'était que créditeur.

Cet article est supprimé.

M. Renouard a expliqué que cette suppression était la conséquence des principes en matière de revendication. Il a dit que l'obscurité de cet article avait donné lieu à de fréquentes contestations. « Les remises ainsi faites, a-t-il ajouté, ne l'ont été, ni à titre de dépôt, ni à titre de mandat; elles sont la conséquence de la confiance accordée au failli, et n'ont pu être que l'exécution d'un contrat formel ou tacite, passé avec lui antérieurement à la faillite. La personne qui, ayant suivi la foi du failli, l'a volontairement constitué son débiteur, est et doit être placée dans la même catégorie que les autres créanciers avec lesquels il se trouve en compte. »

(3) M. Cibiel a proposé d'autoriser la revendication des mandats envoyés à un banquier pour en faire le recouvrement, avec la mention *retour sans frais*, par la raison que cette stipulation démontre qu'on n'a pas voulu donner au banquier le droit de poursuivre le tiré, tandis que si la

propriétaire, avec le simple mandat d'en faire le recouvrement et d'en garder la valeur à sa disposition, ou lorsqu'elles auront été, de sa part, spécialement affectées à des paiements déterminés.

négociation a eu lieu sans condition, elle transmet tous les droits du tireur.

M. Teste a pensé que la revendication n'était pas possible, lorsque le mandat a été encaissé et que le banquier a crédité du montant du mandat celui qui le lui a adressé; mais il a reconnu que si le mandat n'a pas été payé, il peut être revendiqué.

M. Sevin-Moreau a établi que la stipulation de retour sans frais ou de retour après protêt était entièrement indifférente à la question de revendication; que ce qui peut produire une différence sous ce rapport, c'est la destination de la somme recouvrée.

« Je remets, a-t-il dit, des effets à un commerçant, avec la condition de les encaisser pour mon compte et de garder les fonds à ma disposition, soit pour les prendre moi-même, soit pour lui indiquer ultérieurement un usage; il est évident qu'alors ce n'est qu'un simple dépôt, et alors la revendication doit être admise.

» Mais autre espèce : je remets des effets à encaisser à un banquier; je débite son compte du montant de ces effets, à la charge par lui de m'en faire le retour par d'autres valeurs, alors il y a compte courant; la propriété des effets est transmise à celui qui les reçoit, et alors il ne peut y avoir revendication. »

Au surplus, il ne faut pas perdre de vue que la revendication n'est possible que lorsque le recouvrement n'est pas opéré : le texte dit formellement : « Pourront être revendiquées les remises en effets de commerce ou autres titres *non encore payés*. »

1. L'action en revendication est recevable à toutes les périodes de la faillite. (Pardessus, n° 1271.)

2. Elle appartient à tous ceux qui justifient d'un droit de propriété sur les choses étant dans la possession du failli au moment de la faillite. (Devilleneuve et Massé, n° 841.)

3. Par exemple, celui qui a prêté à usage peut reven-

575. Pourront être également revendiquées, aussi long-temps qu'elles existeront en nature, en tout ou en partie, les marchandisses consignées au failli à titre de dépôt, ou pour être vendues pour le compte du propriétaire.

Pourra même être revendiqué le prix ou la partie du prix desdites marchandises qui n'aura été ni payé, ni réglé en valeur, ni compensé en compte courant entre le failli et l'acheteur (1).

576. Pourront être revendiquées les marchandises expédiées au failli, tant que la tradition n'en aura point été effectuée dans ses magasins, ou dans ceux du commissionnaire chargé de les vendre pour le compte du failli.

Néanmoins la revendication ne sera pas recevable si, avant leur arrivée, les marchandises ont été vendues sans fraude, sur factures et connaissements, ou lettres de voiture signées par l'expéditeur.

Le revendiquant sera tenu de rembourser à la masse les à-comptes par lui reçus, ainsi que toutes avances faites pour fret ou voiture, commission, assurances ou autres frais, et de payer les sommes qui seraient dues pour mêmes causes (2).

diquer l'objet prêté aussitôt après la faillite et avant le terme de restitution. (Pardessus, n° 1272.)

4. Des effets de commerce transmis au failli, même avec un endossement régulier, peuvent être revendiqués par l'endosseur s'il prouve qu'il n'a transmis ces effets au failli qu'avec mandat de les recouvrer. (Pardessus, n° 1285.)

(1) 1. Celui qui revendique des marchandises qu'il a consignées à titre de dépôt, doit prouver le dépôt soit par titres, soit par toute autre preuve. (Devilleneuve et Massé, n° 843.)

2. La chose déposée doit avoir conservé son individualité, et ne pas se confondre avec des choses de même nature. (Pardessus, n° 1274.)

(2) 1. Le vendeur qui a reçu en paiement de ses mar-

577. Pourront être retenues par le vendeur les marchandises par lui vendues, qui ne seront pas délivrées au failli, ou qui n'auront pas encore été expédiées, soit à lui, soit à un tiers pour son compte.

578. Dans le cas prévu par les deux articles précédents, et sous l'autorisation du juge-commissaire, les syndics auront la faculté d'exiger la livraison des marchandises en payant au vendeur le prix convenu entre lui et le failli.

579. Les syndics pourront, avec l'approbation du juge-commissaire, admettre les demandes en reven-

chandises un mandat ou une lettre de change sur un tiers, n'est pas censé payé, si ces lettres de change ne sont pas acquittées à l'échéance, et il peut exercer la revendication. (Rejet, 2 novembre 1823.)

2. Mais s'il a reçu des effets de commerce souscrits par un tiers, il a fait novation et ne peut plus revendiquer. (Cour de Douai, 5 août 1818.)

3. Les magasins du failli sont tous les lieux où les marchandises sont à sa disposition, ses hangars, sa cour, les divers endroits de sa maison, et même les lieux publics de dépôt pour les marchandises d'encombrement. (Pardessus, nº 1288.)

4. Des marchandises peuvent être revendiquées, quoiqu'elles aient été livrées au commissionnaire de l'acheteur et expédiées à celui-ci par son ordre. (Rejet, 9 novembre 1823.)

5. Peu importe d'ailleurs, quant à la revendication, que les marchandises voyagent sur l'ordre du vendeur ou sur l'ordre de l'acheteur, pourvu qu'elles n'aient pas encore été livrées à celui-ci. (Cour d'Aix, 24 avril 1827.)

6. Si l'acheteur avait sans fraude affecté en route les marchandises à quelques dettes privilégiées, à l'aubergiste, au voiturier, au commissionnaire, la revendication ne s'exercerait qu'après le paiement des dettes privilégiées. (Pardessus, nº 1291.)

(1) 1. Le droit de réfaction serait applicable au fonds de commerce vendu au failli et dont il n'aurait pas pris possession. (*Moniteur* du 24 février 1835.)

dication : s'il y a contestation, le tribunal prononcera après avoir entendu le juge-commissaire.

CHAPITRE XI.

DES VOIES DE RECOURS CONTRE LES JUGEMENTS RENDUS EN MATIÈRE DE FAILLITE.

580. Le jugement déclaratif de la faillite, et celui qui fixera à une date antérieure l'époque de la cessation de paiements, seront susceptibles d'opposition de la part du failli, dans la huitaine, et de la part de toute autre partie intéressée, pendant un mois. Ces délais courront à partir des jours où les formalités de l'affiche et de l'insertion énoncées dans l'art. 442 auront été accomplies.

(1) 1. La revendication peut être exercée avant que la faillite soit déclarée; il suffit que l'état de faillite soit constant. (Cour de Rouen, 15 juin 1825.)

2. Les créanciers peuvent contester la revendication collectivement ou isolément. (Cour d'Aix, 11 janvier 1831.)

(2) 1. Le droit d'opposition appartient au failli lui-même, lors même qu'il aurait fait la déclaration de cessation de paiements, soit pour faire déclarer qu'il n'y a pas faillite, s'il a plus tard rempli ses engagements, soit pour faire fixer la cessation de paiements à une époque déterminée. (Devilleneuve et Massé, nº 26.)

2. Il appartient aussi à *toute autre partie intéressée*, c'est-à-dire à tous ceux qui, à un titre quelconque, ont intérêt à faire juger qu'il n'y a pas cessation de paiements, ou à en faire changer la date. (*Ibidem*, nº 27.)

3. Et par exemple, celui qui a acheté un meuble du failli après la faillite déclarée. (Cassation, 10 novembre 1824.)

4. Les créanciers qui ont laissé expirer le délai de l'opposition, ne peuvent se pourvoir par appel contre le jugement qui a déclaré la faillite. (Cour de Paris, 26 mars 1830.)

5. Mais ils peuvent former appel du jugement qui a statué sur leur opposition. (Cour de Poitiers, 17 août 1828.)

581. Aucune demande des créanciers tendant à faire fixer la date de la cessation des paiements à une époque autre que celle qui résulterait du jugement déclaratif de faillite, ou d'un jugement postérieur, ne sera recevable après l'expiration des délais pour la vérification et affirmation des créances. Ces délais expirés, l'époque de la cessation de paiements demeurera irrévocablement déterminée à l'égard des créanciers (1).

582. Le délai d'appel, pour tout jugement rendu en matière de faillite, sera de quinze jours seulement à compter de la signification.

Ce délai sera augmenté à raison d'un jour par cinq myriamètres, pour les parties qui seront domiciliées à une distance excédant cinq myriamètres du lieu où siège le tribunal.

583. Ne seront susceptibles ni d'opposition, ni d'appel, ni de recours en cassation :

1° Les jugements relatifs à la nomination ou au remplacement du juge-commissaire, à la nomination ou à la révocation des syndics (2) ;

2° Les jugements qui statuent sur les demandes de sauf-conduit et sur celles de secours pour le failli et sa famille ;

3° Les jugements qui autorisent à vendre les effets ou marchandises appartenant à la faillite ;

4° Les jugements qui prononcent sursis au con-

(1) Cet article fait disparaître la question élevée sous l'ancienne loi, et relative au délai de l'opposition du créancier contesté; ce délai, étant prorogé jusqu'à l'*affirmation*, dure nécessairement jusqu'après le jugement sur la contestation de la créance. (Devilleneuve et Massé, n° 30.)

(2) 1. Le jugement déclaratif de faillite et celui qui fixe la date de la cessation de paiements n'étant pas signifiés, ne sont pas susceptibles d'appel. (Pardessus, n° 1110. Devilleneuve et Massé, n° 34.)

cordat, ou admission provisionnelle de créanciers contestés ;

5° Les jugements par lesquels le tribunal de commerce statue sur les recours formés contre les ordonnances rendues par le juge-commissaire, dans les limites de ses attributions (1).

TITRE DEUXIÈME.

Des Banqueroutes (2).

CHAPITRE PREMIER.

DE LA BANQUEROUTE SIMPLE.

584. Les cas de banqueroute simple seront punis des peines portées au Code pénal, et jugés par les tribunaux de police correctionnelle, sur la poursuite des syndics, de tout créancier, ou du ministère public.

585. Sera déclaré banqueroutier simple, tout commerçant failli qui se trouvera dans un des cas suivants :

1° Si ses dépenses personnelles ou les dépenses de sa maison sont jugées excessives ;

(1) 1. Ces jugements ne sont pas susceptibles de recours, parce qu'ils sont plutôt des actes d'administration que des jugements rendus sur une matière contentieuse. (Duvergier.)

(2) « La loi a flétri du nom de banqueroute, a dit M. Renouard dans son rapport, tous les torts par lesquels un commerçant se met dans l'impuissance de faire honneur à ses engagements. La gravité de ces torts varie ; ils vont de l'imprudence, de la négligence, de l'inconduite jusqu'au crime. »

2° S'il a consommé de fortes sommes, soit à des opérations de pur hasard, soit à des opérations fictives de bourse ou sur marchandises (1) ;

3° Si, dans l'intention de retarder sa faillite, il a fait des achats pour revendre au-dessous du cours; si, dans la même intention, il s'est livré à des emprunts, circulation d'effets, ou autres moyens ruineux de se procurer des fonds (2) ;

4° Si, après cessation de ses paiements, il a payé un créancier au préjudice de la masse.

(1) « Si le failli, a dit M. Renouard, a consommé fortes sommes à des opérations de pur hasard, on pourrait s'en tenir à cette dénomination générale et n'énoncer aucun des cas particuliers qu'elle renferme ; tels que les jeux funestes et immoraux de la bourse, et l'agiotage non moins répréhensible qui joue sur les marchandises. Mais on a pensé avec raison qu'il convient à la morale publique que la loi sur les banqueroutes impose à ces opérations une flétrissure de plus, en les rappelant par une mention expresse. Quant aux pertes au jeu que prévoyait le Code, elles rentrent dans les dépenses personnelles. »

(2) Un membre a observé qu'il pourrait y avoir quelque danger à admettre comme caractère de la banqueroute simple des emprunts faits par le failli, car il n'y a pas de négociant qui se livre aux affaires un peu largement qui travaille uniquement avec ses propres capitaux.

M. le garde-des-sceaux. « C'est le mot *ruineux* qui fait sentir toute la portée de l'article. »

M. Caumartin. « Mais il faudrait alors dire au moins : « S'il s'est livré à des emprunts à des conditions onéreuses. »

M. le garde-des-sceaux. « Si, dans l'intention de retarder sa faillite, il s'est livré à des emprunts ou à d'autres moyens ruineux. »

M. Caumartin. « Mais des emprunts ne sont pas toujours des moyens ruineux. »

M. le garde-des-sceaux. « C'est le mot *ruineux* qui régit la phrase. »

M. Caumartin. « Les emprunts, par eux-mêmes, ne peu-

586. Pourra être déclaré banqueroutier simple tout commerçant failli qui se trouvera dans un des cas suivants :

1° S'il a contracté, pour le compte d'autrui, sans recevoir des valeurs en échange, des engagements jugés trop considérables eu égard à sa situation lorsqu'il les a contractés ;

2° S'il est de nouveau déclaré en faillite sans avoir satisfait aux obligations d'un précédent concordat;

3° Si, étant marié sous le régime dotal, ou séparé de biens, il ne s'est pas conformé aux art. 69 et 70 (1);

4° Si, dans les trois jours de la cessation de ses paiements, il n'a pas fait au greffe la déclaration

vent pas être ruineux, s'ils n'ont pas été contractés à des conditions onéreuses. C'est ce que je voudrais que l'on mentionnât dans l'article. »

M. le rapporteur. « L'honorable M. Caumartin aurait raison, s'il se plaçait dans l'hypothèse d'un commerçant qui se livre à des emprunts lorsqu'il est au-dessus de ses affaires. Mais il s'agit d'un homme qui est à la veille de sa faillite, qui devrait la déclarer, et qui, par des emprunts onéreux, trouve le moyen de prolonger son agonie. Rien de plus contraire à l'intérêt des créanciers que cette situation, et la loi a dû frapper cette intention de retarder la faillite. »

1. Un commerçant peut être poursuivi comme banqueroutier simple, sans avoir été déclaré en faillite, s'il y a eu cessation de paiements. (Cassation, 11 août 1837.)

2. Le mineur ne peut être poursuivi comme banqueroutier, s'il n'a pas été habilité à faire le commerce. (*Ibidem*, 2 décembre 1826.)

3. Les créanciers peuvent former une plainte et une action en banqueroute simple, sans conclure à des dommages. (Rejet, 19 mai 1815.)

(1-2) Ces deux cas étaient punis par l'ancienne loi des peines de la banqueroute frauduleuse. On a jugé avec raison la répression inefficace, parce qu'elle était trop sévère.

exigée par les art. 438 et 439, ou si cette déclaration ne contient pas les noms de tous les associés solidaires ;

5° Si, sans empêchement légitime, il ne s'est pas présenté en personne aux syndics dans les cas et dans les délais fixés, ou si, après avoir obtenu un sauf-conduit, il ne s'est pas représenté à justice ;

6° S'il n'a pas tenu de livres et fait exactement inventaire ; si ses livres ou inventaires sont incomplets ou irrégulièrement tenus, ou s'ils n'offrent pas sa véritable situation active ou passive, sans néanmoins qu'il y ait fraude.

587. Les frais de poursuite en banqueroute simple intentée par le ministère public ne pourront, en aucun cas, être mis à la charge de la masse.

En cas de concordat, le recours du trésor public contre le failli pour ces frais ne pourra être exercé qu'après l'expiration des termes accordés par ce traité.

588. Les frais de poursuite intentée par les syndics, au nom des créanciers, seront supportés, s'il y a acquittement, par la masse, et s'il y a condamnation, par le trésor public sauf son recours contre le failli conformément à l'article précédent.

689. Les syndics ne pourront intenter de poursuite en banqueroute simple, ni se porter partie civile au nom de la masse, qu'après y avoir été autorisés par une délibération prise à la majorité individuelle des créanciers présents.

590. Les frais de poursuite intentée par un créancier seront supportés s'il y a condamnation, par le trésor public ; s'il y a acquittement, par le créancier poursuivant.

CHAPITRE II.

DE LA BANQUEROUTE FRAUDULEUSE.

591. Sera déclaré banqueroutier frauduleux, et puni des peines portées au Code pénal, tout commerçant failli qui aura soustrait ses livres, détourné ou dissimulé une partie de son actif, ou qui, soit dans ses écritures, soit par des actes publics ou des engagements sous signature privée, soit par son bilan, se sera frauduleusement reconnu débiteur de sommes qu'il ne devait pas (1).

(1) L'ancienne loi énumérait en détail les cas de banqueroute frauduleuse. Celle-ci a préféré comprendre dans une définition générale, tous les cas de dissimulation ou de fraude soit quant à l'actif, soit quant au passif, en y ajoutant toutefois la soustraction des livres. (Duvergier.)

1. Les faits de fraude postérieurs à la faillite sont punissables comme les faits antérieurs. (Cassation, 5 mars 1813.)

2. Tous les actes qui ont pour objet de dissimuler frauduleusement l'actif, ou de grossir frauduleusement le passif, sont des crimes de banqueroute frauduleuse. (Devilleneuve et Massé, n° 1017.)

3. Pour être puni comme banqueroutier frauduleux, il faut être *commerçant failli*. (Rejet, 21 novembre 1812.) — C'est le principe.

4. Et le jury doit à peine de nullité de la condamnation, déclarer expressément que l'accusé avait cette qualité. (Cassation, 19 septembre 1828; 16 septembre 1830; 23 juin 1832.)

5. Surtout si la faillite n'a pas été déclarée par jugement antérieur. (*Ibidem*, 22 juin 1817; 17 mars 1831.)

6. Il est remarquable que le jury ne serait même pas lié par ce jugement; il peut déclarer soit que le prétendu failli n'a jamais été commerçant, soit que l'accusé commerçant ayant cessé ses paiements est banqueroutier frauduleux, bien que de fait il n'existe pas de jugement décla-

592. Les frais de poursuite en banqueroute frauduleuse ne pourront, en aucun cas, être mis à la charge de la masse.

Si un ou plusieurs créanciers se sont rendus parties civiles en leur nom personnel, les frais, en cas d'acquittement, demeureront à leur charge.

CHAPITRE III.

DES CRIMES ET DES DÉLITS COMMIS DANS LES FAILLITES PAR D'AUTRES QUE PAR LES FAILLIS.

593. Seront condamnés aux peines de la banqueroute frauduleuse :

1° Les individus convaincus d'avoir, dans l'intérêt du failli, soustrait, recelé ou dissimulé tout ou partie de ces biens, meubles ou immeubles; le tout sans préjudice des autres cas prévus par l'art. 60 du Code pénal ;

2° Les individus convaincus d'avoir frauduleusement présenté dans la faillite et affirmé, soit en leur nom, soit par interposition de personnes, des créances supposées ;

3° Les individus qui, faisant le commerce sous le nom d'autrui ou sous un nom supposé, se seront rendus coupables de faits prévus en l'art. 591 (1).

594. Le conjoint, les descendants ou les ascendants du failli, ou ses alliés aux mêmes degrés, qui

ratif de faillite. (Cassation, 23 novembre 1827; 19 avril et 7 novembre 1811; 15 avril 1825, et 1er septembre 1827.)

7. La tentative de banqueroute frauduleuse est un crime. (Rejet, 18 messidor an VIII.)

(1) 1. Les peines du vol sont appliquées parce que le détournement a eu lieu au préjudice de la masse. (Devilleneuve.)

auraient détourné, diverti ou recelé des effets appartenant à la faillite, sans avoir agi de complicité avec le failli, seront punis des peines du vol.

595. Dans les cas prévus par les articles précédents, la Cour ou le Tribunal saisis statueront, lors même qu'il y aurait acquittement, 1° d'office sur la réintégration à la masse des créanciers de tous biens, droits ou actions frauduleusement soustraits ; 2° sur les dommages-intérêts qui seraient demandés, et que le jugement ou l'arrêt arbitrera (1).

596. Tout syndic qui se sera rendu coupable de malversation dans sa gestion, sera puni correctionnellement des peines portées en l'art. 406 du Code pénal.

597. Le créancier qui aura stipulé, soit avec le failli, soit avec toutes autres personnes, des avantages particuliers à raison de son vote dans les délibérations de la faillite, ou qui aura fait un traité particulier duquel résulterait en sa faveur un avantage à la charge de l'actif du failli, sera puni correctionnellement d'un emprisonnement qui ne pourra excéder une année, et d'une amende qui ne pourra être au-dessus de 2,000 fr.

L'emprisonnement pourra être porté à deux ans, si le créancier est syndic de la faillite (2).

(1) Cet article remplit une lacune de l'ancienne loi. (Duvergier.)

(2) « C'était un besoin généralement senti, a dit M. le garde-des-sceaux, de faire disparaître les abus qui se commettaient sous plusieurs formes. Quelquefois, c'était un traité avec des créanciers qui n'étaient pas administrateurs, et qui faisaient d'un traité particulier la condition de leur vote. Par ce moyen, l'actif de la faillite était dilapidé au profit de quelques-uns des créanciers, et, de plus, on arrivait à une majorité mensongère. C'est la première partie de l'article. Ensuite, on prévoit le cas d'un traité qui, sans être la condition de la signature du concordat, est dilapi-

598. Les conventions seront, en outre, déclarées nulles à l'égard de toutes personnes et même à l'égard du failli.

Le créancier sera tenu de rapporter à qui de droit (1) les sommes ou valeurs qu'il aura reçues en vertu des conventions annulées.

599. Dans le cas où l'annulation des conventions serait poursuivie par la voie civile, l'action sera portée devant les tribunaux de commerce.

600. Tous arrêts et jugements de condamnation rendus, tant en vertu du présent chapitre que des deux chapitres précédents, seront affichés et publiés

dateur de la masse. C'est la deuxième partie ; et si le traité a été fait avec le syndic, qui doit être le protecteur de tous, la peine est plus forte. »

M. Sevin-Moreau demandait qu'on dît expressément que l'article serait applicable, alors même que le créancier recevrait un supplément de dividende d'une autre personne que le failli. On lui a répondu que tel était le sens de la disposition.

On demandait qu'on exprimât, dans l'article, qu'il pourrait être fait application de l'article du Code pénal sur les circonstances atténuantes.

M. le rapporteur a répondu : « Mais c'est pour laisser toute latitude à l'indulgence du tribunal, qu'on a rédigé l'article en supprimant tout minimum. »

(1) C'est-à-dire *au failli*, si, ayant obtenu un concordat, il a fait ce sacrifice sur l'actif de la masse, ou à l'aide de ressources particulières, et cette somme alors servira à remplir les obligations du concordat ; *à l'union*, si les avantages particuliers proviennent du failli ; *aux parents* ou *amis* qui auront fourni les deniers, s'il s'agit de sommes données pour prix d'un vote dans les délibérations de la faillite. (Rapport de M. Renouard.)

M. Renouard a également pensé que tout créancier qui interviendra dans l'instance en nullité, devra obtenir des dommages-intérêts. « Car, a-t-il dit, si un créancier poursuit à ses risques une annulation qui doit profiter à tous, il est juste de lui attribuer un dédommagement particulier. »

suivant les formes établies par l'art. 42 du Code de commerce aux frais des condamnés.

CHAPITRE IV.

DE L'ADMINISTRATION DES BIENS EN CAS DE BANQUEROUTE.

601. Dans tous les cas de poursuite et de condamnation pour banqueroute simple ou frauduleuse, les actions civiles autres que celles dont il est parlé dans l'art. 595, resteront séparées, et toutes les dispositions relatives aux biens, prescrites par la faillite, seront exécutées sans qu'elles puissent être attribuées ni évoquées aux tribunaux de police correctionnelle, ni aux cours d'assises.

602. Seront cependant tenus, les syndics de la faillite, de remettre au ministère public les pièces, titres, papiers et renseignements qui leur seront demandés.

603. Les pièces, titres et papiers délivrés par les syndics seront, pendant le cours de l'instruction, tenus en état de communication par la voie du greffe; cette communication aura lieu sur la réquisition des syndics, qui pourront y prendre des extraits privés, ou en requérir d'authentiques, qui leur seront expédiés par le greffier.

Les pièces, titres et papiers dont le dépôt judiciaire n'aurait pas été ordonné seront, après l'arrêt ou le jugement, remis aux syndics, qui en donneront décharge.

TITRE TROISIÈME.

De la Réhabilitation.

---

604. Le failli qui aura intégralement acquitté en principal, intérêts et frais, toutes les sommes par lui dues, pourra obtenir sa réhabilitation.

Il ne poura l'obtenir, s'il est l'associé d'une maison de commerce tombée en faillite, qu'après avoir justifié que toutes les dettes de la société ont été intégralement acquittées en principal, intérêts et frais, lors même qu'un concordat particulier lui aurait été consenti.

605. Toute demande en réhabilitation sera adressée à la cour royale dans le ressort de laquelle le failli sera domicilié. Le demandeur devra joindre à sa requête les quittances et autres pièces justificatives (1).

606. Le procureur-général près la Cour royale, sur la communication qui lui aura été faite de la requête, en adressera des expéditions certifiées de lui au procureur du roi et au président du tribunal de commerce du domicile du demandeur, et si celui-ci a changé de domicile depuis la faillite, au procureur du roi et au président du tribunal de commerce de l'ar-

(1) 1. Les créanciers ne peuvent faire rapporter le jugement de faillite pour faire réintégrer le failli dans ses droits; le failli n'a pour cet effet d'autre voie que la réhabilitation après la faillite déclarée. (Cassation, 20 et 28 novembre 1827.)

2. A moins que le jugement déclaratif ne soit rapporté pour avoir par erreur déclaré en faillite un commerçant, qui n'avait pas cessé de payer. (Cour de Bordeaux, 9 juillet 1832.)

rondissement où elle a eu lieu, en les chargeant de recueillir tous les renseignements qu'ils pourront se procurer sur la vérité des faits exposés.

607. A cet effet, à la diligence tant du procureur du roi que du président du tribunal de commerce, copie de ladite requête restera affichée pendant un délai de deux mois, tant dans les salles d'audience de chaque tribunal qu'à la bourse et à la maison commune, et sera insérée par extrait dans les papiers publics.

608. Tout créancier qui n'aura pas été payé intégralement de sa créance en principal, intérêts et frais, et toute autre partie intéressée, pourra, pendant la durée de l'affiche, former opposition à la réhabilitation par simple acte au greffe, appuyé des pièces justificatives. Le créancier opposant ne pourra jamais être partie dans la procédure de réhabilitation.

609. Après l'expiration de deux mois, le procureur du roi et le président du tribunal de commerce transmettront, chacun séparément, au procureur-général près la Cour royale, les renseignements qu'ils auront recueillis et les oppositions qui auront pu être formées. Ils y joindront leurs avis sur la demande.

610. Le procureur-général près la Cour royale fera rendre arrêt portant admission ou rejet de la demande en réhabilitation. Si la demande est rejetée, elle ne pourra être reproduite qu'après une année d'intervalle.

611. L'arrêt portant réhabilitation sera transmis aux procureurs du roi et aux présidents des tribunaux auxquels la demande aura été adressée. Ces tribunaux en feront faire la lecture publique et la transcription sur leurs registres.

612. Ne seront point admis à la réhabilitation les banqueroutiers frauduleux, les personnes condam-

nées pour vol, escroquerie ou abus de confiance, les stellionataires, ni les tuteurs, administrateurs ou autres comptables qui n'auront pas rendu et soldé leurs comptes.

Pourra être admis à la réhabilitation le banqueroutier simple qui aura subi la peine à laquelle il aura été condamné.

613. Nul commerçant failli ne pourra se présenter à la bourse, à moins qu'il n'ait obtenu sa réhabilitation.

614. Le failli pourra être réhabilité après sa mort.

LIVRE PREMIER.

TITRE QUATRIÈME.

69. L'époux séparé de biens, ou marié sous le régime dotal, qui embrasserait la profession de commerçant postérieurement à son mariage, sera tenu de faire pareille remise dans le mois du jour où il aura ouvert son commerce ; à défaut de cette remise, il pourra être, en cas de faillite, condamné comme banqueroutier simple.

LIVRE QUATRIÈME.

TITRE DEUXIÈME.

635. Les tribunaux de commerce connaîtront de tout ce qui concerne les faillites, conformément à ce qui est prescrit au livre troisième du présent code.

DOCUMENTS OFFICIELS

COMPLÉTANT

LA LOI SUR LES FAILLITES.

Circulaire du ministre de la justice en exécution de la loi sur les faillites et les banqueroutes.

Paris, le 8 juin 1831.

MONSIEUR LE PROCUREUR GÉNÉRAL,

La nouvelle loi sur les faillites a pour objet principal de pourvoir, mieux que ne le faisait le Code de 1807, à la juste et prompte distribution des ressources qui composent l'actif du débiteur. Pour atteindre ce but, il a été nécessaire de simplifier la liquidation, de la rendre plus rapide, de diminuer les frais, et, sans ériger toujours la fraude en présomption légale, de prendre, pour la prévenir ou la réprimer, des mesures qu'indiquait l'expérience. Ces divers points embrassent l'ensemble de la loi. L'étude qui en sera faite peut seule mettre le commerce et les tribunaux en état de la bien comprendre. S'il s'élève des difficultés dans l'application, les documents qui l'ont préparée et la jurisprudence aideront à les résoudre. Il est seulement un petit nombre de ses dispositions qui réclament de ma part quelques instructions, parce qu'elles tracent des obligations particulières aux juges commissaires, aux tribunaux de commerce et au ministère public.

I.

C'est aux premiers moments de la faillite que des précautions doivent surtout être prises pour prévenir des détournements. Souvent alors, les créanciers, incertains s'il existera un actif quelconque, s'arrêtent devant la crainte de n'être pas remboursés des frais qu'ils avanceraient, et le failli demeure libre, ou de s'approprier les fonds et les marchandises qui sont d'une disposition facile, ou de les employer à satisfaire ceux qu'il veut favoriser. L'article 461 remédie à cet inconvénient, en déclarant que l'avance des premiers frais sera faite par le trésor public, lorsque les deniers appartenant à la faillite ne pourront y suffire immédiatement. Ces premiers frais seront ceux du jugement de déclaration de la faillite, d'affiche de ce jugement et de son insertion dans les journaux, d'apposition de scellés, d'arrestation et d'incarcération. Puisque dans ces circonstances le trésor fait les avances, il sera nécessaire de se conformer au décret du 18 juin 1811, relatif aux frais de justice criminelle. Ainsi, il devra être fourni un mémoire séparé pour chaque objet de dépense, tavoir : 1° pour les frais du jugement de déclaration de la faillite; 2° pour les frais d'apposition de scellés; 3° pour les frais d'arrestation; 4° pour les frais d'incarcération; 5° pour les frais d'affiche, et 6° pour les frais d'insertion dans les journaux.

Ces frais seront payés par les receveurs de l'enregistrement, au moyen d'une ordonnance du juge-commissaire, qui sera apposée au bas de chacun des mémoires, dans la forme du modèle ci-joint n° 1er.

Le juge-commissaire devra prendre les mesures nécessaires pour qu'il soit exactement tenu note au greffe des diverses sommes qu'il aura ordonnancées, afin que le greffier puisse dresser l'état de liquidation qui doit ultérieurement servir au recouvrement des frais avancés par le trésor public. Ce recouvrement doit avoir lieu aussitôt que l'actif de la faillite présentera quelques ressources : tel est le vœu de l'article 461. Le juge-commissaire fera donc, sans retard, préparer l'état de liquidation au bas duquel il mettra son ordonnance, conformément au modèle ci-joint nº 2. L'envoi de cet état sera fait au directeur de l'enregistrement et des domaines, qui demeurera chargé d'en faire payer le montant.

Les instructions ci-dessus ayant été communiquées à M. le ministre des finances, leur exécution n'éprouvera pas de difficultés.

Vous avez pu remarquer, M. le procureur-général, qu'au nombre des frais dont l'avance doit être faite, se trouvent ceux d'*incarcération*. Je comprends dans cette dénomination les *aliments* dont la consignation est indispensable. En effet, lorsque les frais peuvent être avancés par les syndics, il n'est pas douteux qu'ils doivent faire cette consignation, et des instructions ont été données dans ce sens par le ministère de la justice, le 50 avril 1827. Le trésor étant momentanément substitué aux syndics pour les avances de frais, la condition du débiteur ne peut changer; il faut que les mêmes obligations s'accomplissent.

II.

Les tribunaux de commerce mettront d'autant plus de soin dans le choix des syndics provisoires qui doivent être désignés par le jugement déclaratif de la faillite, que les créanciers étant appelés immédiatement à donner leur avis sur l'utilité de leur remplacement ou de la confirmation de leurs pouvoirs, le choix du tribunal serait exposé à une critique plus ou moins vive s'il avait été fait avec peu de réflexion. Quoique, d'après l'article 462, les syndics définitifs eux-mêmes puissent être étrangers à la masse des créanciers, il ne devra être usé de cette faculté qu'avec une grande réserve. Si des désignations de syndics étrangers devenaient fréquentes, il pourrait en résulter avec le temps une habitude à laquelle il serait difficile de se soustraire. En général, il n'y a que de l'inconvénient à créer, auprès des tribunaux, des professions dépourvues de caractère officiel. Les administrateurs ainsi désignés ne manqueraient pas d'accepter leur mandat dans l'espérance d'un salaire que des syndics créanciers réclameront plus rarement. Prendre les syndics parmi ceux des créanciers connus qui inspirent le plus de confiance, telle doit être la règle générale. Choisir ces syndics parmi d'autres personnes, telle doit être l'exception que pourront déterminer des motifs dont l'appréciation dépendra entièrement des circonstances.

III.

La suite et l'unité dans l'administration de la faillite seront les avantages attachés à la permanence du syndicat; mais, d'un autre côté, cette permanence même pourrait être nuisible dans certains cas. Il fallait donc qu'elle pût prendre fin, si les syndics n'usaient pas convenablement de leurs pouvoirs; c'est ce qu'a prévu la loi. Il n'est pas impossible que la masse des créanciers cède à des préventions; plus souvent elle se montrera négligente, à cause de la difficulté d'en réunir la majorité. C'est au tribunal qu'est confié le droit, sur la proposition du juge-commissaire, de retirer aux syndics, ou à l'un d'eux, le mandat qu'il leur a donné. Le failli et chacun des créanciers seront reçus à provoquer son action; il pourra agir aussi d'office. Les tribunaux de commerce ne sauraient trop se montrer attentifs à ce qu'une attribution aussi essentielle soit exercée sans exagération, mais aussi sans faiblesse. Il ne sera pas nécessaire pour cela que l'abus soit allé jusqu'à la fraude; il est évident que la conduite privée des syndics peut altérer la confiance qui a été placée en eux et la simple négligence amener aussi la nécessité d'un changement de mandataires. (Art. 467.)

IV.

Placés sous la direction immédiate et continue du juge-commissaire, les syndics procèdent à la vente du mobilier et des marchandises d'après son autorisation. Le mode ordinaire sera celui des ventes judiciaires. La loi cependant a voulu que, sur la permission du juge, cette vente pût se faire même *à l'amiable* : une telle faculté sera surtout d'un usage avantageux dans les petites faillites afin d'éviter des frais; elle pourra ne pas être inutile même dans les faillites plus importantes, lorsque, par exemple, une vente en bloc de marchandises promettra un prix plus élevé qu'on ne pourrait l'espérer d'une vente aux enchères. Cette disposition est encore l'une de celles dont l'application présenterait de graves inconvénients, si elle n'était réglée avec précaution et discernement; elle ne produira que du bien si le juge-commissaire et les syndics se laissent guider uniquement par le sentiment éclairé de leurs devoirs, et par l'appréciation saine et juste des intérêts qui leur sont confiés. (Art. 486.)

V.

L'avance des fonds nécessaires à la poursuite ne peut être exigée du trésor public qu'à raison des premiers actes de la faillite. Si l'état de pénurie complète qui détermine ce secours se prolongeait, les articles 527 et 528 veulent que le tribunal prononce la *clôture de la faillite*, et rende ainsi chaque créancier à la liberté de ses actions individuelles, le droit de contrainte par corps compris. Le jugement qui contiendra cette décision ne sera rétracté que sur la preuve qu'il existe des fonds suffisants pour la poursuite, ou sur la consignation de ces fonds entre les mains des syndics. C'est l'expérience qui a fait sentir l'utilité de ces dispositions. La conduite du commerçant qui continue ses affaires, malgré l'insuffisance de son actif, comparé à ses engagements, et qui en attend, pour s'arrêter, l'entier épuisement, est exclusive de la bonne foi. On peut croire que l'exemple cessera de s'en reproduire lorsque celui qui le donnerait sera prévenu, par la loi, qu'il perdrait jusqu'à l'espérance des immunités résultant de l'état de faillite, et sur lesquelles il aurait pu compter, comme sur un dernier refuge qui ne saurait lui échapper.

VI.

Par des motifs aussi graves, mais d'un ordre différent, la loi demande au ministère public une surveillance non moins attentive que celle qui est exigée des juges commerciaux et des syndics.

C'est d'abord au procureur du roi, de concert avec ceux-ci, qu'est confiée, par l'article 460, l'exécution de l'ordre en vertu duquel, dès que la faillite éclate, le débiteur sera déposé dans la maison d'arrêt pour dettes; mesure que la prudence conseillera presque toujours. Si le débiteur n'est que malheureux, un sauf-conduit doit bientôt le rendre à sa famille et à la liberté. Si l'examen de sa conduite justifie des poursuites rigoureuses, il lui aura été impossible de s'y soustraire par la fuite.

VII.

Le procureur du roi exigera soigneusement l'envoi qui doit lui être fait, dans les vingt-quatre heures, par le greffier du tribunal de commerce, d'un extrait de tout jugement déclaratif de faillite, aux termes de l'article 439. Il ne souffrira aucun retard qui ne soit justifié dans la remise du mémoire des syndics qu'eux-mêmes sont obligés d'adresser au juge-commissaire dans la quinzaine de leur entrée ou de leur maintien en fonctions. Cette prescription de l'article 482 ne serait accomplie qu'en apparence, si les syndics manquaient de s'expliquer sérieusement sur les causes, les circonstances, les caractères de la faillite, et si cet acte dégénérait en une simple formalité.

Par ces documents, autant que par les autres renseignements qu'il peut recueillir, le magistrat forme son opinion sur la faillite. Il se contente de veiller sur la suite des opérations, ou, reconnaissant des indices de banqueroute, il se détermine à une plus active intervention.

Ce pouvoir d'examen et d'investigation est aussi étendu que les circonstances le commanderont. L'inventaire peut amener la découverte de faits par lesquels la conduite du failli sera jugée avec plus de certitude. Il ne tiendra qu'au procureur du roi d'assister à cet acte important, de recueillir les preuves qui s'offriront à lui, de s'emparer des pièces de conviction. Son droit de recherche ne serait pas complet s'il n'allait, ainsi que l'autorisent les articles 483 et 602, jusques à exiger, *à toute époque*, communication des actes, papiers et livres relatifs à la faillite, et à réclamer des syndics tous les renseignements qui seront jugés nécessaires.

En cas de poursuites pour banqueroute, il ne s'agit plus d'une simple communication des pièces, titres et papiers de la faillite, mais d'une remise à faire entre les mains du procureur du roi : c'est ce que prescrit l'article 602. Ce magistrat devra comprendre combien ce dessaisissement peut être gênant pour l'administration des syndics. Aussi doit-il veiller à ce que ces derniers, qui en trouvent d'ailleurs l'autorisation formelle dans l'article 603, aient toutes les facilités convenables pour une communication prompte et commode, toutes les fois qu'ils jugeront nécessaire de recourir aux papiers du failli.

VIII.

Il est très-souvent arrivé que ceux même qui souffrent de la faillite ont consenti à couvrir d'un voile les actes les plus répréhensibles, dans l'intention de ne pas éloigner un arrangement amiable qui leur promet un dividende quelconque. Cette facilité devient un encouragement à de condamnables spéculations, et l'impunité excite aux désordres de même nature. Si une poursuite, quand il en existe de justes motifs, peut contrarier quelques créanciers en particulier, elle doit profiter par l'influence de l'exemple à la moralité du commerce en général. Le ministère public saura donc, lorsque les délits lui paraîtront caractérisés, s'élever au-dessus des considérations de l'intérêt privé, qui perdront, au reste, de leur force, la loi nouvelle rendant désormais moins coûteuse et plus prompte une liquidation judiciaire. En se préservant de toute exagération, en évitant tout acte de rigueur qui deviendrait dangereux, dès que la nécessité n'en serait pas démontrée, il maintiendra l'autorité des lois, au risque même de faire manquer des arrangements auxquels seraient disposés des créanciers ou complaisants ou trop résignés.

IX.

L'action publique ne pouvant, en général, faire l'objet d'une transaction, l'existence d'un concordat ne saurait l'arrêter. C'est ce que l'article 521 reconnaît formellement, en déclarant, s'il s'agit d'une poursuite en banqueroute frauduleuse, qu'elle peut être commencée alors même qu'un concordat a été signé. Une disposition ayant été introduite dans le projet soumis en dernier lieu aux chambres, pour interdire, du moins dans cette circonstance, la poursuite en banqueroute simple, le retranchement en a été déterminé par l'intention de laisser également, dans ce cas, le ministère public libre d'agir ainsi qu'il le jugera convenable.

X.

Vous remarquerez, M. le procureur-général, que les articles 587, 588, 590 et 592 contiennent des règles nouvelles, relativement aux frais qu'occasionne la poursuite en banqueroute. D'après la législation précédente, la faillite les supportait, même lorsque le résultat de cette poursuite avait été d'amener une condamnation. La loi veut, avec raison, qu'à l'avenir, en matière de banqueroute frauduleuse, le trésor acquitte toujours ces frais, quelle que soit l'issue de la poursuite. Elle déclare qu'il en sera ainsi en banqueroute simple, quand le ministère public aura poursuivi directement. Lors même qu'en ce dernier cas les créanciers auraient saisi le tribunal correctionnel ou se seraient portés parties civiles, le trésor public prendra encore les frais de justice à sa charge si le débiteur failli a été condamné. Vous comprendrez, sans peine, les motifs de ces innovations, dont l'objet essentiel consiste à rendre aussi à la poursuite toute sa liberté. Les créanciers se montreront plus empressés à donner au ministère public des renseignements dont la conséquence, en rendant son intervention nécessaire, ne sera pas la diminution de leur gage. Le ministère public hésitera moins, de son côté, à introduire un débat dont l'issue, quoi qu'il arrive, ne doit plus préjudicier aux intérêts privés qui sont engagés dans la faillite. Il importait que de tels avantages fussent obtenus même au prix de quelques sacrifices à la charge de l'État. L'attention de vos substituts devra être appelée d'une manière particulière sur ce changement important de la législation. Ils auront soin désormais de saisir les tribunaux de justice répressive, en ne considérant que les faits en eux-mêmes, et en se préoccupant moins qu'ils ne pouvaient être portés à le faire auparavant, des conséquences de la poursuite, relativement aux créanciers.

XI.

Le Code de commerce en vigueur depuis 1807, avait renfermé, dans un cercle trop étroit, les caractères spéciaux de la complicité en matière de banqueroute. Il a été trop souvent reconnu que des actes coupables échappaient à l'application de la loi, par l'effet d'une définition incomplète ; que souvent, d'ailleurs, des tiers pouvaient avoir commis des détournements et des recels, sans qu'il fût prouvé que le failli eût participé à ces faits. Il fallait prévoir aussi la malversation, rare sans doute, mais possible des syndics, et il ne pouvait suffire de l'atteindre par une action civile, que défie l'insolvabilité, quand elle existe inconnue au moment où ces mandataires sont nommés, ou quand elle arrive inopinément. Enfin, l'intérêt de la morale publique, et celui des créanciers honnêtes, réclamaient depuis long-temps contre l'impunité accordée aux traités par lesquels un créancier vend au failli, au prix d'avantages particuliers, et pour l'aider à tromper la masse, une adhésion mensongère au concordat, dont il ne doit pas subir la loi. Un chapitre spécial a dû, en conséquence, statuer sur les *crimes et délits commis dans les faillites par d'autres que par les faillis*. Les peines de la banqueroute y sont distribuées aux complices, et celles du vol aux parents du failli coupables de détournement frauduleux, lorsque le détournement aura été commis à l'insu de celui-ci. Le syndic qui malverse s'exposera aux pénalités dont la loi frappe l'abus de confiance. Le créancier qui, clandestinement, obtient des conditions à part, et vient cependant apporter son consentement apparent aux conditions du concordat, encourt un emprisonnement qui peut aller jusqu'à une année, et une amende dont le *maximum* est de 2,000 francs; s'il est syndic, la peine de l'emprisonnement pourra s'élever à deux ans.

Ces dispositions doivent exercer une influence salutaire. S'il reste isolé, le failli réalisera difficilement des projets de fraude et de spoliation. Souvent aussi l'assistance coupable qui s'offre à lui, l'entraîne seule à se livrer à des actes frauduleux. Ces secours intéressés deviendront moins hardis et moins fréquents dès que l'impunité n'y sera plus attachée. C'est donc là une des parties de la loi nouvelle dont il est bien important encore d'assurer l'entière exécution.

XII.

Le ministère public, surveillant de l'exécution de toutes les lois, devra porter son attention sur plusieurs articles de la loi nouvelle qui ont pour but de proscrire les lenteurs inutiles, et de terminer promptement les incidents de procédure. Ainsi les articles 582 et 583 abrègent les délais d'appel, et créent des fins de non-recevoir. S'il arrivait qu'au mépris de ces dispositions, un recours fût exercé mal à propos, ou hors du délai, le ministère public, appelé à donner ses conclusions, ne devrait pas manquer de faire ressortir la dérogation qui a été apportée au droit commun.

Les tribunaux de commerce seront quelquefois obligés de surseoir au jugement des contestations que feront naître les faillites, jusqu'à ce qu'une question qui n'est pas de leur compétence ait été jugée par les tribunaux ordinaires; d'autres fois ils croiront devoir ordonner le sursis (voir les articles 500 et 512). Cet obstacle, résultant des lois sur la compétence, peut être nuisible aux opérations de la faillite. Je ne puis trop vous recommander, M. le procureur-général, d'employer tous vos efforts à hâter la marche de la justice et l'expédition des affaires dans les tribunaux dont le jugement préalable tiendrait en suspens les contestations pendantes devant la juridiction consulaire, afin que les sursis ne soient que le moins possible une cause de dommage.

Je vous prie, M. le procureur-général, d'observer avec soin les effets généraux de la nouvelle loi, de m'en rendre compte, et de m'indiquer les doutes que je n'aurais point prévus et qui seraient de nature à être levés par des instructions ultérieures. Vous voudrez bien transmettre un exemplaire de celles-ci à chacun des tribunaux de commerce de votre ressort, ainsi qu'à vos substituts. Je vous invite aussi à m'en accuser la réception.

Recevez, M. le procureur-général, l'assurance de ma considération très-distinguée.

Le garde-des sceaux,
ministre secrétaire d'état de la justice
et des cultes,

BARTHE.

Le sous-secrétaire d'état,

PARANT.

(Modèle n° 1er.)

—

Ordonnance à mettre au bas des mémoires.

Nous, juge au tribunal (civil ou de commerce) séant à. . . . . désigné pour remplir les fonctions de juge-commissaire dans la faillite du sieur. . . . .

(Désigner les nom et prénoms, la profession et le domicile.)

Vu le présent mémoire;

Vu l'article 461 de la loi du 28 mai 1838 sur les faillites et banqueroutes;

Vu enfin le décret du 18 juin 1811 sur les frais de justice criminelle;

Attendu que les deniers appartenant à la faillite ne suffisent pas, quant à présent, pour subvenir au paiement des frais;

Mandons et ordonnons au receveur de l'enregistrement établi à. . . . . de payer au sieur N. . . . . la somme de. . . . . . à laquelle nous avons réglé le susdit mémoire.

Fait à. . . . . le. . . . .

(Modèle n° 2.)

État de liquidation des frais avancés par le trésor public sur ordonnance du juge-commissaire dans la faillite du sieur N. . . . .

(Désigner les nom et prénoms, la profession et le domicile.)

	fr.	c.
1° Frais du jugement de déclaration de la faillite : (Détailler tous les frais qui s'appliquent à ce jugement), ci.		
2° Frais d'apposition des scellés : (Détailler les frais), ci.		
3° Frais d'arrestation et d'incarcération du failli : (Détailler les frais), ci.		
4° Frais d'affiche et d'insertion du jugement dans les journaux : (Détailler les frais), ci.		
Total. . . .		

Certifié véritable par nous, greffier du tribunal (civil ou de commerce) séant à. . . . .

N. . . . .

ORDONNANCE.

Nous, juge-commissaire au tribunal (civil ou de commerce), séant à. . . . .

Avons arrêté le présent état à la somme de. . . . . . et attendu qu'il y a dans la caisse de la faillite deniers suffisants,

Ordonnons que le recouvrement de ladite somme sera poursuivi à la diligence de l'administration de l'enregistrement contre le sieur N. . . . . (répéter les nom et prénoms, la profession et le domicile du failli), représenté par les syndics de la faillite dont le siége est à. . . . .

Fait à. . . . . le. . . . .

FORMULES.

I.

DÉCLARATION DE FAILLITE.

Aujourd'hui 1er mars 18. . . , au greffe du tribunal de commerce du département de. . . . . , séant à. . . . . , avant midi.

Est comparu le sieur. . . . .

Lequel a déclaré que, n'ayant pas réussi dans son commerce, ayant fait tout ce qu'il a pu pour payer ses créanciers, ne trouve plus moyen de continuer ses opérations, ce qui l'oblige à se mettre en état de faillite;

Qu'ayant dressé un bilan de son actif et passif, qu'il dépose écrit sur . . . . . feuillets de papier timbré, signés de lui au bas de chaque page et à la fin;

Desquels déclaration et dépôt il nous a demandé acte, à lui accordé après lecture, et a signé avec nous.

Nota. — Si le comparant n'a pas fait de bilan, il en est fait ainsi mention :

Ajoute le comparant qu'il n'a pu dresser son bilan (*en indiquer les motifs*).

II.

DÉCLARATION DE FAILLITE D'UNE SOCIÉTÉ.

Aujourd'hui, ... etc.

Est comparu le sieur. . . . . , chef de la maison. . . . . et compagnie, de . . . . , composée de . . . .

Lequel, tant en son nom qu'au nom et pour les membres sus-nommés de la société en nom collectif, a déclaré qu'à cause de pertes dont la preuve se trouvera constatée par les papiers et livres, se trouve obligé de cesser ses paiements;

De laquelle déclaration, etc.

III.

ASSIGNATION D'UN CRÉANCIER AFIN DE FAIRE DÉCLARER LA FAILLITE DU DÉBITEUR.

L'an 18. . . , le. . . . . à la requête du sieur. . . . . , marchand, demeurant à. . . . , ... , patenté . . . . , lequel fait élection de domicile . . . .

J'ai, huissier . . . . , donné assignation au sieur. . . . . à comparaître d'aujourd'hui en trois jours francs, à l'audience et par-devant. , pour s'y voir condamner et par corps à payer au requérant la somme de. . . . . . contenue en un billet souscrit par l'assigné audit requérant le . . . . échu le. . . . . , enregistré . . . . , et dont protêt a été fait par exploit de. . . . . : . , etc.

Et encore, attendu que l'assigné a refusé de payer

les effets à lui présentés (*énumérer les diverses circonstances qui ont accompagné ce fait*);

Voir dire par le tribunal qu'il est en état de faillite, et que la cessation de paiement date du . . . . ;

Voir en conséquence ordonner qu'il sera procédé à l'apposition des scellés sur. . . . , etc.;

Voir nommer un de messieurs. . . . . pour commissaire de la faillite, et par le tribunal nommer un ou plusieurs syndics provisoires, selon qu'il est prescrit par la loi; et pour que l'assigné n'en ignore, etc.

IV.

MODÈLE DE BILAN.

Actif.

Argent en caisse. . . . .

Billets en portefeuille.

Bons. . . . .
Douteux. . . . .

Débiteurs pour compte.

Bons. . . . .
Douteux. . . . .
Fonds de commerce. . . . .
Meubles meublant. . . . .

Immeubles.

. . . .

Passif.

Créances hypothécaires.

Au sieur . . . . , par acte du . . . .

Créances privilégiées.

A la dame. . . . . pour sa dot. .
Aux contributions. . . . .
Aux employés de la maison. . . . .

Créanciers par billets à payer.

. . . .

Créanciers par compte.

. . . .

Résultat.

Le passif est de. . . . .
L'actif est de. . . . .

Déficit. . . . .

NOTE JUSTIFICATIVE DE LA GESTION.

Pertes.

. . . .

Dépenses de maison.

. . . .

Bénéfices de chaque année. . . . .

Perte réelle. . . . . . .

Récapitulation.

. . . .

Certifié sincère et véritable par moi. . . . . . .
A . . . . le . . . .

(*Signature.*)

V.

JUGEMENT QUI ORDONNE LA MISE EN LIBERTÉ DU FAILLI SOUS CAUTION, AVEC SAUF-CONDUIT.

Le tribunal de commerce. . . . . , etc.

Ouï le rapport. . . . . ;

Attendu qu'il résulte que le sieur . . . . a fait au greffe de ce tribunal la déclaration de la faillite par acte du . . . . ;

Qu'il a déposé son bilan (*en énoncer l'importance*). . . . . ;

Attendu qu'il n'y a contre lui aucune présomption de fraude, ni d'imprudence; que ses livres sont régulièrement tenus; qu'il a joui d'une excellente réputation, ordonne qu'il sera mis à l'instant en liberté;

Ce à quoi tout concierge sera obligé moyennant valable décharge; qu'il sera délivré audit . . . . un sauf-conduit, selon les prescriptions du Code de commerce.

Fait à. . . . . . , etc. (1).

N.-B. — Si la liberté n'est accordée que sous caution, énoncer par attendu les motifs qui déterminent le tribunal à exiger cette mesure, et ajouter :

Accorde audit sa liberté provisoire, à la charge par lui de se présenter à tout mandement de justice, sous peine de payer une somme que le tribunal arbitre à . . . . ; de laquelle somme ledit s. . . . formera bonne et suffisante caution qui sera reçue par devant M. le juge-commissaire contradictoirement avec les syndics de la faillite;

Ordonne que la caution fera au greffe du tribunal les soumissions voulues par la loi.

(*Le reste comme précédemment.*)

(Voir l'art. 456, ord. de 1838.

VI.

RÉCEPTION DE LA CAUTION.

Aujourd'hui. . . . . . par-devant nous . . . . juge-commissaire de la faillite du sieur. . . . . ,etc.

Est comparu le sieur . . . . . . , etc.

Lequel a dit qu'un jugement du tribunal en date du . . . . a prononcé la mise en liberté provisoire, à la charge de se représenter à tout mandement de justice sous peine de payer une somme de. . . . de laquelle il fournirait bonne et valable caution; qu'il s'offre pour caution dudit. . . . . . , pour lequel il s'engage à payer ladite somme de. . . . . le cas échéant; qu'il justifie de sa solvabilité . . . (*énumérer les propriétés et les titres qui en font foi*).

Sont aussi comparus les sieurs . . . . . , syndics de la faillite, lesquels, après avoir examiné les titres ci-énoncés, ont déclaré s'en rapporter à nous pour la réception dudit sieur . . . . . , aux termes du jugement du . . . . , et ont signé . . .

Nous juge-commissaire, donnons acte aux parties de leurs comparution, dires et réquisitions, et avec le jugement,

Attendu que la solvabilité est suffisamment justifiée, avons reçu et recevons, etc.

Fait à. . . . . , le . . . .

VII.

SAUF-CONDUIT.

Au nom de la loi,

Le tribunal de commerce, etc.

Accorde au sieur . . . . . . un sauf-conduit conformément à l'art. 473 de la loi de 1838;

En conséquence, il est fait défenses à tous porteurs de jugement emportant contrainte par corps contre ledit. . . . . en matière de commerce, prononcées jusqu'à ce jour, de les mettre à exécution, en attentant à la liberte dudit. . . . . . . ; et à tous concierges et gardiens des maisons d'arrêt pour dettes de l'y recevoir ni écrouer pour cause de contrainte par corps, sous les peines prononcées par la loi contre les auteurs d'arrestations et de détentions arbitraires.

En foi de quoi le présent a été signé par le président, le juge-commissaire et le greffier.

A Paris, le . . . . . . (1).

SIGNALEMENT.

. . . .

(*Signature du porteur du sauf-conduit.*)

VIII.

NOMINATION DES SYNDICS PROVISOIRES.

Le tribunal, apres avoir entendu le rapport de. . . . . , juge-commissaire de la faillite du s. . . . . nomme pour syndics les sieurs. . . . . lesquels seront tenus de se conformer aux dispositions de la loi du 18 mai 1838.

Fait et jugé, etc.

IX.

PROCÈS-VERBAL D'ACCEPTATION PAR LES SYNDICS PROVISOIRES.

Aujourd'hui . . . . , par-devant nous . . .

(1) Tout sauf-conduit doit porter le sceau et le timbre du tribunal.

. . . juge au tribunal de. . . . . nommé par jugement du . . . . . . , commissaire à la faillite du sieur . . . . . . , en la salle du conseil du tribunal, sont comparus 1° le sieur . . . . , 2° le sieur . . . . , lesquels ont dit que, par jugement en date du . . . . , ils ont été nommés syndics provisoires ;

Qu'ils nous requièrent de leur donner acte de ce qu'ils acceptent ladite nomination ;

Desquelles comparution, dires et réquisitions avons donné acte auxdits , et ont signé après lecture avec le greffier et nous.

X.

ACTE DE CONVOCATION DES CRÉANCIERS.

M. . . . . , juge au tribunal du commerce de . . . . commissaire à la faillite du . . . . (*indiquer le genre de commerce*), ayant demeuré à . . . . , prévient les créanciers dudit sieur. . . . . que l'état des créanciers présumés sera dressé le. . . . . . . , heure . . . . , en présence des créanciers qui s'y présenteront, et auxquels il sera donné connaissance de l'état de la faillite. Les créanciers seront consultés sur la nomination, s'il y a lieu, de nouveaux syndics.

XI.

PROCÈS-VERBAL DE REDDITION DE COMPTE DES SYNDICS NON MAINTENUS DANS LEURS FONCTIONS.

Aujourd'hui . . . . , devant nous. . . . . . . , juge au tribunal de commerce de. . . . . . , commissaire à la faillite du sieur. . . , ... ,

Sont comparus en la chambre du conseil du tribunal les sieurs. . . . . , syndics provisoires de ladite faillite, lesquels ont, en notre présence, rendu aux syndics définitifs nommés à ladite faillite par jugement du tribunal, en date du . . . . , le compte de leur gestion depuis leur entrée en fonctions : ils ont ensuite remis auxdits syndics définitifs tous les papiers relatifs à la faillite. Nous avons dressé le présent procès-verbal pour constater lesdites redditions de comptes et remises de pièces ; et nous avons signé avec lesdits syndics sortant et syndics définitifs, et le greffier du tribunal.

Fait à. . . . . . ., etc.

(*Signatures.*)

XII.

RÉQUISITION DES SYNDICS DE LA FAILLITE AU JUGE DE PAIX LORSQUE L'APPOSITION DES SCELLÉS A EU LIEU AVANT LEUR NOMINATION.

Aujourd'hui, ... , devant nous, ... , juge de paix du canton de . . . . , arrondissement de . . . . . , département de . . . . . , en notre demeure, sise à . . . , rue . . . , n° . , étant assisté de notre greffier ;

Sont comparus les sieurs . . . (*noms, prénoms, professions et domiciles des syndics*) . . , syndics nommés à la faillite du sieur . . . . , ex-négociant, demeurant à . . . , par jugement rendu le . . . . , au tribunal de commerce de . . . .

Lesquels nous ont dit que, par notre procès-verbal du . . . . , nous avons apposé les scellés au domicile dudit sieur . . . . , actuellement en faillite ; que, sous lesdits scellés, se trouvent les livres, registres et papiers du failli, dont les comparants ont besoin pour connaître les recouvrements qu'il peut être avantageux de poursuivre, et les sommes dues au failli, comme aussi les marchandises qu'il aurait pu contracter, et qu'il n'aurait pas déclarées. En conséquence, après avoir mis sous nos yeux une ordonnance du juge-commissaire qui les y autorise, ils nous ont requis d'extraire desdits scellés tous les livres, registres et papiers, et de les leur remettre sous valable décharge, pour en faire l'usage voulu par la loi; et ont signé.

(*Signatures des comparants.*)

Sur quoi nous, juge de paix susdit et soussigné, assisté comme dit est, obtempérant à la demande ci-dessus, nous sommes à l'instant transporté au domicile dudit sieur . . . . , . . actuellement en faillite, et, après une reconnaissance préalable desdits scellés, nous en avons extrait les livres, registres et papiers ci-après décrits et détaillés,

. . . .

Tous lesquels registres et papiers nous avons à l'instant remis auxdits sieurs comparants, qui reconnaissent les avoir reçus; et ont signé avec nous le présent procès-verbal pour nous valoir décharge.

Ce à quoi nous avons vaqué depuis neuf heures du matin jusqu'à cinq de relevée, par double vacation; et avons signé avec notre greffier et lesdits syndics, les jour et an susdits.

(*Signatures du juge de paix, de son greffier et des syndics.*)

XIII.

ORDONNANCE DE VERSEMENT DES DENIERS DE LA FAILLITE A LA CAISSE D'AMORTISSEMENT.

Nous, ... , juge au tribunal de commerce du département de . . . . , nommé commissaire à la faillite du sieur . . . . ;

Vu le bordereau de situation de ladite faillite, certifiée véritable par les sieurs . . . . , syndics d'icelle, en date du . . . . . .

Attendu qu'il en résulte qu'il y a dans ladite caisse une somme disponible de . . . ;

Attendu que cette somme de . . . paraît suffisante pour fournir aux besoins courants de la faillite ;

Attendu qu'il est dans l'intérêt de la masse et du failli lui-même, que la somme disponible soit versée à la caisse des dépôts et consignations pour produire intérêt ;

Ordonnons auxdits sieurs . . . . , syndics de la faillite du sieur . . . . , de verser à la caisse des dépôts et consignations une somme de . . , prise sur celle de . . . , qui se trouve aujourd'hui constituer les valeurs disponibles de ladite faillite.

Lequel versement sera fait en vertu de notre présente ordonnance, et sauf le retirement, quand par nous il sera ordonné.

à . . . . , le . . . .

(*Signature.*)

XIV.

PROCÈS-VERBAL DE VÉRIFICATION.

Aujourd'hui . . . , par-devant nous, ... juge au tribunal de commerce de . . . , commissaire à la faillite de . . . . . , étant en la chambre du conseil du tribunal,

Sont comparus les sieurs . . . . syndics de ladite faillite, lesquels nous ont dit qu'ils ont terminé l'examen des livres, registres et papiers du failli ; qu'ils ont dressé l'état apparent de cette faillite ; qu'il en a été donné avis aux créanciers, tant par lettres du greffier que par l'insertion faite le . . . dans le journal intitulé . . . . , avec annonce qu'il serait procédé aujourd'hui par-devant nous, à la vérification des divers titres de créances.

Sur quoi, en présence de nous, juge-commissaire,

il a été procédé par les syndics à ladite vérification ainsi qu'il suit :

. . . .

. . . .

(*Si une créance est sans cause ajouter :*)

Les syndics de la faillite ont dit que cette créance était sans cause ; que les billets n'avaient été enregistrés que postérieurement à la faillite ;

Qu'ainsi ils n'avaient pas de date certaine qui pût détruire le soupçon qu'ils sont des billets que le failli a souscrits pour augmenter le nombre de ses créanciers, et retirer ensuite les sommes qui auraient été payées aux créanciers complaisants au préjudice de la masse.

Nous, juge commissaire, considérant que le comparant ne justifie pas suffisamment la créance, que les billets dont il est porteur n'ont de date certaine que postérieurement à la faillite, disons que la créance dudit comparant ne doit pas être portée au passif de la faillite; sauf à lui à se pourvoir devant le tribunal, selon qu'il avisera, pour justifier sa créance.

XV.

ACTE D'AFFIRMATION DES CRÉANCES.

Aujourd'hui, ... , devant nous, . . . , juge au tribunal de commerce de . . . , commissaire à la faillite du sieur . . . . étant en la chambre du conseil dudit tribunal, est comparu le sieur . . . , qui, sur l'interpellation que nous lui avons faite d'affirmer la sincérité des créances par lui réclamées, a répondu :

J'affirme en mon âme et conscience que la somme de . . . , montant de . . . . , billets souscrits par le sieur . . . . , le . . . . , et dont je suis porteur, m'est bien et légitimement due par ledit sieur . . .

De laquelle affirmation, nous, juge-commissaire, avons donné acte audit sieur . . . . , et avons dressé le présent procès-verbal que nous avons signé avec lui.

(*Signature.*)

XVI.

JUGEMENT QUI ADMET LA CRÉANCE.

Le tribunal, après avoir entendu M. . . . . juge-commissaire à la faillite du sieur . . . . . , en son rapport, les syndics de ladite faillite, et le sieur . . . . , dans leurs observations respectives;

Attendu que la créance réclamée par le sieur . . . . , est établie, non-seulement par les billets dont il est porteur, mais encore par l'inscription sur les registres du sieur . . . .

Tient ladite créance pour vérifiée; en conséquence, ordonne que le sieur . . . . en affirmant sa créance, sera admis à fa faillite du sieur . . . . . , pour la somme de . . . , montant desdits billets.

Fait et jugé le . . . .

XVII.

JUGEMENT QUI REJETTE LA CRÉANCE.

Le tribunal . . . . , attendu que la créance réclamée par le sieur . . . . n'est pas inscrite sur les registres du sieur . . .

Attendu d'ailleurs que les billets qu'il représente n'ont été enregistrés que le . . , et par conséquent n'ont pas de date certaine avant l'ouverture de la faillite;

Attendu enfin que rien n'établit que ladite créance soit antérieure à l'ouverture de la faillite, la rejette et condamne le sieur . . . . avec frais liquidés à la somme de . . .

Fait et jugé . . . .

XVIII.

JUGEMENT QUI DÉCLARE NON COMPRIS DANS LES RÉPARTITIONS LES CRÉANCIERS EN DEMEURE.

Vu le jugement en date du . . . , qui prorogeait de . . . . le délai dans lequel les créanciers du sieur . . . . , failli devaient produire, affermir et faire vérifier les titres de leurs créances;

Vu le procès-verbal d'affiche dudit jugement, en date du . . . . . , et la feuille dûment légalisée du journal, où ce jugement a été inséré;

Ouï le rapport de M. . . . . . , juge-commissaire à ladite faillite duquel il résulte que les sieurs . . . . , inscrits sur l'état des créanciers dudit . . . . , ne se sont pas présentés en personne, ni par fondés de pouvoir, à l'effet de produire, affermir et faire vérifier leurs titres de créances;

Le tribunal de commerce de . . . considérant que lesdits ont été légalement convoqués, donne contre eux défaut, et pour le profit déclare que lesdits . . . . , ne seront pas compris dans les répartitions à faire de l'actif de ladite faillite.

Fait à . . . . .

XIX.

ACTE D'OPPOSITION DES CRÉANCIERS QUI N'ONT PAS COMPARU A LA VÉRIFICATION.

Le . . . . , à la requête de . . . , et de . . . , demeurant à . . . . , qui font élection de domicile à . . . . . . J'ai, ... huissier, donné assignation au sieur . . . . , demeurant à . . . , et au sieur . . . . , demeurant à . . . . , à comparaître le . . . . , à l'audience, et par-devant messieurs les juges composant le tribunal de commerce de . . . . , pour y voir recevoir les requérants opposants envers le jugement du . . . . . , qui, en donnant défaut contre les requérants, a déclaré qu'ils ne seraient pas compris dans les répartitions à faire de l'actif de . . . . , failli, statuant sur ladite opposition, les voir décharger des condamnations, et relever de la déchéance prononcée contre eux;

Au principal, attendu qu'ils sont créanciers sérieux et légitimés dudit . . . . . , et qu'ils ont été empêchés jusqu'à ce jour de produire et affirmer leurs créances sur ledit . . . .

Voir dire que les requérants seront admis à produire leurs titres et affirmer leurs créances; en conséquence, voir ordonner qu'il sera procédé à la vérification d'icelles, conformément aux dispositions de la loi, et pour que les assignés n'en ignorent, je leur ai laissé à chacun copie du présent, dont le coût est de . . . . .

XX.

JUGEMENT PAR LEQUEL LE TRIBUNAL STATUE SUR L'OPPOSITION.

Entre les sieurs . . . . , demeurant à . . . , demandeurs par exploit de . . . en date du . . . enregistré le . . . , d'une part;

Et les sieurs . . . . . , demeurant à . . . , syndics à la faillite de . . . . . , défendeurs d'autre part.

Point de fait.

Les demandeurs étaient inscrits au nombre des créanciers de . . . . . . failli.

Faute par eux de s'être présentés, conformément

à la loi, pour la vérification de leurs créances, ils n'ont pas été compris dans les répartitions de l'actif de ladite faillite.

Ils ont formé opposition par exploit du . . . , et à l'audience de ce jour, ils ont conclu à ce qu'il plût au tribunal les recevoir opposants, statuant sur l'opposition, admettre à déposer et affirmer leurs titres de créances, et ordonner leur vérification.

Les défendeurs ont déclaré s'en rapporter à la justice du tribunal, et néanmoins ont conclu que dans tous les cas les demandeurs soient condamnés aux frais.

Il s'agissait en droit de savoir si l'opposition des demandeurs serait reçue.

Le tribunal, ouï le rapport de M. . . . . , juge-commissaire à ladite faillite ;

Attendu que l'art. 503 de la loi du 28 mai 1838, admet l'opposition en pareil cas, jugeant en conformité de cet article, reçoit les sieurs . . . . . . , opposants ; statuant sur ladite opposition, ordonne qu'il sera procédé, conformément à la loi, à la vérification de leurs créances sur ledit . . . . . , failli, et en cas de créances admises, ordonne qu'ils seront compris au marc le franc de leurs créances vérifiées aux distributions encore à faire des deniers provenant de l'actif de la faillite, sans qu'ils puissent rien prétendre aux répartitions consommées, lesquelles sont à leur égard, réputées irrévocables ; dit, néanmoins, qu'ils pourront prélever sur l'actif non encore réparti les dividendes afférents à leurs créances dans les premières répartitions ; les condamne aux dépens.

Fait et jugé . . . . .

XXI.

PROCÈS-VERBAL DE CE QUI A ÉTÉ DÉCIDÉ DANS L'ASSEMBLÉE DES CRÉANCIERS RECONNUS.

Aujourd'hui . . . . . , à . . . . . , en la chambre du conseil du tribunal de commerce de . . . , par-devant nous, ... , juge audit tribunal, commissaire à la faillite de . . . . . .

Sont comparus les sieurs . . . . . .

. . . .

Tous créanciers dudit . . . . , et dont les créances ont été vérifiées et admises par procès-verbaux en date du . . . .

Est aussi comparu le sieur . . . . , demeurant à . . . . . . au nom et comme fondé de procuration de . . . . demeurant à . . . . , par acte en date du . . . , devant . . . notaire à . . . , enregistré le . . . , dûment légalisé, lequel est demeuré annexé à ces présentes ; ledit . . . constituant aussi créancier vérifié et admis par procès-verbal du . . .

Lesquels ont dit qu'obéissant à la convocation faite par la voie des affiches et de l'insertion dans les journaux, ils se réunissent sous notre présidence pour entendre le compte rendu des syndics de ladite faillite. Sont aussi comparus les sieurs . . . . , syndics provisoires de ladite faillite, lesquels ont dit qu'ils étaient prêts à rendre compte de leur gestion.

Est enfin comparu le sieur . . . . , failli, lequel a dit qu'il comparaît pour ouïr le compte qui va être rendu, et fournir les observations s'il y a lieu.

Desquels comparutions, dires et réquisitions, avons donné acte aux parties.

Et aussitôt les syndics ont exposé que depuis leur entrée en fonctions, ils ont reçu pour la masse de la faillite, savoir :

Des syndics provisoires remplacés la somme de. . . . .
De débiteurs, celle de . . . .
Pour la vente du mobilier . . . .
Pour la vente de tel ou tel immeuble . .

Total :

Qu'ils ont payé la somme de . . . . . savoir, etc.

Qu'ils ont versé à la caisse des dépôts et consignations la somme de . . . .

Total :

Que les sommes par eux versées, déduites de celles par eux reçues, les constituent reliquataires de la somme de . . . . , qu'ils ont représentée en déclarant qu'ils sont prêts à la verser entre les mains de qui de droit;

Qu'il reste à accorder (*telles et telles sommes*) ; à vendre tels ou tels immeubles;

Que des connaissances qu'ils ont acquises, et des examens auxquels ils se sont livrés, il résulte, ainsi qu'ils l'estiment, que l'actif s'élèvera à la somme de . . . , et qu'au moyen de ce que le passif s'élève en créances admises à la somme de . . . , en balance de la faillite, sera en perte de . . . . pour cent.

Les comptes produits, ayant été examinés et discutés, ont été arrêtés, savoir : la recette à la somme de . . . . , la dépense à la somme de . . . . , et le reliquat dû par les syndics et par eux offert, mais resté en leurs mains du consentement unanime de l'assemblée, à la somme de . . . . .

Fait et arrêté le . . . . - . . , et ont signé.

. . . .

XXII.

ORDONNANCE DU JUGE-COMMISSAIRE POUR REMETTRE A HUITAINE, LORSQUE LA MAJORITÉ DES CRÉANCIERS NE FORME PAS LES TROIS QUARTS EN SOMME.

Aujourd'hui . . . . . , par-devant nous . . . . , juge-commissaire à la faillite du sieur . . . . . , en la chambre du tribunal de commerce de. . . . . . ,

Se sont réunis, ainsi qu'il est énoncé en notre procès-verbal de ce jour, les sieurs. . . . . . , tous créanciers sérieux et légitimes du sieur . . . . , ainsi que les sieurs. . . . . . . , syndics de ladite faillite ;

Et lorsque notredit procès-verbal a été clos, le sieur . . . . . . a proposé à ses créanciers d'atermoyer avec eux aux conditions suivantes (*énumérer les conditions proposées*) : lesquelles propositions ayant été long-temps discutées et débattues;

Le sieur . . . . . , créancier d'une somme de . . . . . , le sieur . . . . . , créancier d'une somme de . . . . . , etc., ont déclaré acquiescer aux propositions faites par le sieur . . . . . ; mais attendu que les créanciers consentant au concordat faisant la majorité absolue des créanciers admis et vérifiés n'atteignent pas les trois quarts en somme des créances vérifiées et admises, nous avons, conformément à l'art. 509 de la loi du 28 mai 1838, continué et ajourné la séance à huitaine, échéant le . . . . . . pour être la délibération reprise en ce lieu, heure de . . . . . , auxquels jour, lieu et heure les parties demeurent convoquées.

Fait et arrêté les jour, mois et an que dessus; et avons signé avec ledit. . . . . . , et ceux de ses créanciers acceptant sus-nommés.

XXIII.

CONCORDAT.

Aujourd'hui . . . . . . , par-devant nous . . . . , juge au tribunal de commerce . . . . . , commissaire à la faillite de . . . . . . , en la chambre du conseil, etc.

Sont comparus les sieurs . . . . , tous créanciers légitimes et sérieux du sieur . . . . . . , aussi présent, lequel a renouvelé les propositions énoncées en notre procès-verbal du . . . . ,

Ces propositions ont été acceptées par le sieur. . . . . , créancier d'une somme de . . . . , etc.

Et attendu que les créanciers acceptants composent la majorité absolue des créanciers dudit sieur . . . . . . , quant au nombre, et que le montant total de leurs créances forme les trois quarts du passif, le concordat qui suit a été arrêté entre les ayants cause.

1° Le passif de la faillite est définitivement arrêté à. . . . .

2° Sur cette somme de . . . . . . les créanciers soussignés accordent au sieur. . . . . , qui accepte, une remise de . . . . pour cent de leur créance en principal, et de tous les intérêts et frais qui leur sont dus.

3° Sur la somme qu'il reste à payer à tous les créanciers qui contractent ledit engagement, on imputera la portion que chacun d'eux recevra, lors de la répartition des valeurs qui se trouvent présentement à la disposition de la masse;

4° Le surplus sera payé aux créanciers de la manière suivante :

. . . .

5° Si le sieur . . . . n'exécutait pas ses paiements, il deviendrait passible de la totalité des créanciers en capitaux, intérêts et frais, et par corps, sans qu'il soit besoin d'une autre formalité qu'un simple commandement par un huissier commis à cet effet;

6° Moyennant l'exécution complète du présent concordat, le sieur . . . . . . demeurera franc et quitte de l'universalité de ses dettes vérifiées et admises par les procès-verbaux réguliers; tous les titres qui constituent ses obligations lui seront remis et seront frappés de nullité comme s'ils étaient acquittés;

7° Jusqu'aux époques de ces paiements, le sieur . . . . aura le droit d'exercer son commerce; de gérer les capitaux laissés à sa disposition; ses livres, registres, etc., lui seront remis après que le présent concordat aura été homologué.

Nous déclarons donner acte aux parties du présent concordat qu'ils ont signé avec nous.

Fait à . . . . . .

XXIV.

ACTE D'OPPOSITION AU CONCORDAT.

Le . . . . . à la requête du sieur . . . . . demeurant à . . . . , où il élit domicile, j'ai déclaré et signifié,

1° Au sieur (*failli*),

2° Aux sieurs (*syndics*),

Que le requérant, créancier sérieux et légitime dudit sieur. . . . . . est opposant, comme il s'oppose par ces présentes, à l'homologation du concordat arrêté le . . . . . . , entre ledit sieur . . . . . et ceux de ses créanciers qui l'ont signé.

Les motifs de cette opposition sont que (*décrire ces motifs*) : sans préjudice de tous autres motifs qu'il se réserve de déduire en temps et lieu, sous toutes protestations et réserves.

Et, à même requête que dessous, j'ai donné assignation audit sieur . . . .

A comparaître le . . . . , à l'audience du tribunal de commerce de . . . . . , savoir : le sieur . . . . , opposant, pour voir admettre la présente opposition, et ouïr prononcer l'annulation dudit concordat, et condamner les sieurs . . . . . . aux dépens.

XXV.

JUGEMENT QUI ADMET L'OPPOSITION ET ANNULE LE CONCORDAT.

Entre le sieur . . . . , demeurant à . . . . , opposant à l'homologation du concordat intervenu entre le sieur . . . . . . , et ses créanciers, d'une part;

Et le sieur . . . . , failli, demeurant à . . . . , et les sieurs . . . . . . , demeurant à . . . . . . , ces derniers agissant au nom et comme syndics de la faillite dudit . . . . . , d'autre part.

POINT DE FAIT.

(*Énumérer les circonstances qui ont accompagné la déclaration de faillite, l'assemblée des créanciers qui ont accordé le concordat, les motifs qui portent l'opposant à demander son annulation.*)

A l'audience de ce jour, le demandeur en personne (*ou représenté par* . . . . . .), etc ;

Les défendeurs en personne (*ou représentés par*) ont conclu (*rapporter leurs motifs*) à ce qu'il plaise au tribunal, sans s'arrêter à l'opposition du sieur . . . . , le déclarer non recevable et l'en débouter, homologuer le concordat afin qu'il soit exécuté dans sa teneur, condamner l'opposant aux dépens.

POINT DE DROIT.

Le tribunal, ouï le rapport de M. . . . . . , juge-commissaire à ladite faillite, sur les caractères de ladite faillite, sur l'admissibilité du concordat et les parties dans leurs dires et plaidoiries respectives, après en avoir délibéré,

Considérant (*énumérer les motifs qui portent le tribunal à admettre l'une ou l'autre des prétentions des parties*);

Annule *ou* homologue le concordat, condamne le . . . . aux dépens.

Fait et jugé à . . . . .

XXVI.

JUGEMENT QUI REJETTE LES OPPOSITIONS ET HOMOLOGUE LE CONCORDAT.

Entre le sieur . . . . . demeurant à . . . . . , opposant à l'homologation du concordat intervenu entre le sieur . . . . et ses créanciers, d'une part;

Et le sieur . . . . . . , failli, demeurant à . . . . : , et les sieurs . . . . , demeurant à . . . . . . , ces derniers agissant au nom et comme syndics de la faillite dudit . . . . . . , d'autre part:

Attendu qu'il a été procédé régulièrement à toutes les opérations prescrites par la loi du 28 mai 1838; attendu que le concordat est régulier, et qu'il a été signé par un nombre de créanciers présents, qui réunit la majorité en nombre et les trois quarts en somme;

Le tribunal, après avoir entendu les parties en leurs observations et plaidoiries respectives, ensemble le rapport de M. . . . . . . , juge-commissaire à la faillite, sur les caractères de cette faillite et l'admissibilité du concordat;

Considérant que la créance dont l'opposant représente un titre n'est pas énoncée sur les livres du sieur . . . . . , que rien n'indique qu'il ait reçu dudit opposant valeur dudit effet, d'où il suit que cette créance a dû être rejetée de la masse,

Déboute ledit . . . . . . de son opposition à l'homologation du concordat dont s'agit, homologue ledit concordat pour être exécuté selon sa forme et teneur, et condamne ledit . . . . aux dépens.

Fait et jugé, etc . . . .

XXVII.

JUGEMENT QUI HOMOLOGUE PUREMENT ET SIMPLEMENT LE CONCORDAT.

Entre les sieurs . . . . . . , tous créanciers sérieux et légitimes du sieur . . . . . . , d'une part;

Et le sieur . . . . , failli, demeurant à . . . . , et les sieurs . . . . . , demeurant à . . . . . , ces derniers agissant au nom et comme syndics de la faillite dudit . . . . . . , d'autre part:

Le tribunal, attendu qu'il a été procédé régulièrement à toutes les opérations prescrites par la loi du 28 mai 1838;

Attendu que le concordat est régulier et qu'il a été signé par un nombre de créanciers réunissant la majorité en nombre et les trois quarts en somme;

Attendu d'ailleurs que la demande n'est point contestée;

Homologue ledit concordat, ordonne qu'il sera exécuté selon sa forme et teneur avec les créanciers refusants comme avec les créanciers signataires.

Fait et jugé, ... , etc. (1).

(1) Cette formule n'est applicable que lorsqu'il n'y a pas d'oppositions. Dans le cas contraire, le tribunal statue à la fois, et par le même jugement, sur les oppositions et sur l'homologation, à moins qu'à raison de la matière, ces

XXVIII.

JUGEMENT QUI SURSEOIT JUSQU'A LA DÉCISION DES OPPOSITIONS CIVILES.

Entre le sieur . . . . . . , demeurant à . . . . . . opposant à l'homologation du concordat intervenu entre le sieur . . . . et les créanciers, d'une part;

Et le sieur . . . . . . , failli, demeurant à . . . . , et les sieurs . . . . . . , demeurant à . . . . , ces derniers agissant au nom et comme syndics de ladite faillite, d'autre part:

Le tribunal, après avoir entendu les parties en leurs observations et plaidoiries respectives, ensemble le rapport de M. . . . . . . , juge-commissaire à la faillite, sur les caractères de cette faillite et l'admissibilité du concordat;

Considérant que, parmi les moyens invoqués par le demandeur à l'appui de son opposition, il s'en trouve un consistant à soutenir que . . . .

Que dès lors le jugement de l'opposition est subordonné à la solution de questions étrangères, à raison de la matière, à la compétence du tribunal de commerce;

Le tribunal surseoit à prononcer jusqu'après la décision de ces questions, ordonne que, dans le délai de . . . . le demandeur saisira les juges compétents et justifiera au tribunal de ses diligences à cet effet, dépens réservés.

Fait et jugé . . . . . . , etc.

oppositions ne soient de la compétence de la juridiction civile, et, alors, le tribunal de commerce surseoit à statuer jusqu'à ce qu'il ait été prononcé sur lesdites oppositions.

XXIX.

SIGNIFICATION DU JUGEMENT D'HOMOLOGATION.

Le . . . . . . , à la requête du sieur . . . . . . ; demeurant à . . . . . . , faisant élection de domicile à . . . . . . , j'ai . . . . . . , huissier . . . . . . , signifié au sieur . . . . . . et aux sieurs . . . . . . , syndics à la faillite du requérant, en leurs domiciles, parlant à . . . . . .

1° Le jugement rendu le . . . . . . , par le tribunal de . . . . . . , enregistré le . . . . , lequel homologue le concordat du requérant, aux fins qu'ils n'en ignorent;

2° L'ordonnance par laquelle M. . . . . . . , juge-commissaire à ladite faillite, a fixé le . . . . . . à . . . . heure . . . . . pour entendre le compte définitif desdits syndics;

Je lui ai donné assignation à comparaître ledit jour . . . . . , à . . . . . heure, en la chambre du conseil du tribunal de commerce de . . . . . , par devant mondit sieur . . . . . . , juge-commissaire, pour y rendre au requérant le compte définitif de leur gestion, par chapitre de recettes, dépenses et reprises; voir le tout débattre, clore et arrêter, aux peines de droit.

Et pour que les assignés n'en ignorent, je leur ai, au domicile susdit, etc., etc.

XXX.

JUGEMENT QUI DÉCLARE LE FAILLI EXCUSABLE.

Le tribunal, après avoir entendu le rapport de M. . . . . . . , l'un de ses membres, commissaire à la faillite du sieur . . . . , après avoir pris connaissance des dires et observations des créanciers ;

Attendu que le sieur . . . . a justifie que sa faillite était l'effet de malheurs indépendants de sa volonté ;

Attendu qu'on ne peut lui attribuer aucune imprudence ni inconduite,

Déclare ledit sieur . . . . . . excusable et susceptible d'être réhabilité, en remplissant à cet égard les formalités prescrites par la loi.

Fait et jugé . . . . . .

XXXI.

JUGEMENT QUI REJETTE LES EXCUSES DU FAILLI.

Le tribunal . . . . . . ,

Attendu que le sieur . . . . . . n'a pas suffisamment justifié que la cause de sa faillite provient de malheurs indépendants de sa volonté; attendu qu'au contraire, il résulte de faits établis devant le tribunal que . . . .

Déclare qu'il n'y a pas lieù à admettre les excuses qu'il propose :

Ordonne qu'en conséquence une expédition du jugement sera transmise à M. le procureur du roi pour qu'il procède conformément à la loi.

Fait et jugé . . . . . .

XXXII.

REQUÊTE DU FAILLI POUR OBTENIR DES SECOURS.

A M . . . . . . , juge-commissaire, et à MM. . . . . . . , syndics.

Le sieur . . . . . ,

A l'honneur d'exposer qu'il présume suffisamment prouver par tous les faits qui sont à leur connaissance que sa faillite n'a pas été le résultat de fautes qu'on pourrait lui imputer, qu'elle a été occasionnée par (*énumérer les circonstances qui viennent à l'appui de son dire*).

Placé dans l'impossibilité de continuer ses paiements, il a fait un abandon complet de tout ce qui composait le gage de ses créanciers, de telle sorte qu'il ne lui est plus rien resté pour pourvoir à sa subsistance et à celle de sa famille.

(*Exposer les charges qui aggravent la situation du failli et qui le forcent à recourir à sa demande.*)

D'après cet exposé, il ose espérer qu'après avoir pris l'avis de la majorité des créanciers, M. le juge-commissaire et MM. les syndics voudront bien lui accorder un secours de . . . . . .

(*Signature.*)

XXXIII.

CESSION VOLONTAIRE.

Entre les soussignés,

. . . .

Tous créanciers sérieux et légitimes du sieur. . . . . . , ont été faites les conventions suivantes :

Ledit sieur . . . . . . se trouvant dans l'impossibilité de remplir les engagements de commerce qu'il a contractés envers les dénommés ci-dessus, déclare faire cession en leur faveur de tous ses biens, meubles et immeubles, aux conditions suivantes (*énoncer les conditions*) :

Lesdits sieurs . . . . . . déclarent accepter volontairement la cession qui leur est faite aux conditions précitées.

Et au moyen de cette cession, les sieurs . . . . . . déclarent tenir quitte et décharger le sieur . . . . de toutes dettes et engagements contractés avec eux jusqu'à ce jour, et renoncer à toutes poursuites relativement aux effets de commerce et obligations quelconques souscrits ou endossés à leur profit par ledit sieur . . . .

Fait . . . . . à . . . ., le. . . . . . .

(*Signatures.*)

XXXIV.

DEMANDE EN CESSION.

L'an . . . ., le . . . ., à la requête du sieur . . . ., demeurant à . . . ., lequel constitue pour son avoué Me . . . ., demeurant à . . . ., qui occupera pour lui,

Je, soussigné, ai donné assignation : 1° au sieur . . . ., propriétaire, demeurant à . . . . ;

2° Au sieur . . . ., etc.,

A comparaître, d'aujourd'hui à la huitaine de la loi, à l'audience du tribunal de première instance de . . . ., séant à . . . .,

Pour voir ordonner, qu'attendu que le requérant a déposé au greffe du tribunal de commerce, par acte du . . . ., dont il est, avec celle des présentes, donné copie, son bilan, ses livres et ses titres actifs, et que les opérations de son commerce, établies par ses livres, démontrent ses malheurs et sa bonne foi ; qu'ainsi il doit être admis au bénéfice de cession.

Ledit . . . . sera admis au bénéfice de cession, et qu'en conséquence il lui sera donné acte de l'abandon qu'il entend faire à ses créanciers de tous ses biens, meubles et immeubles, énoncés dans son bilan ; offrant le requérant de réitérer en personne ledit abandon en présence de ses créanciers, ou eux dûment appelés, au tribunal de commerce de . . . . ;

Voir ordonner pareillement que ledit sieur . . . . . . demeurera déchargé de toutes poursuites et contraintes par corps prononcées ou à prononcer contre lui, pour raison des créances énoncées en son bilan;

Que, par suite, il sera fait défense à tout créancier d'exécuter contre lui aucunes poursuites et contraintes par corps, à peine de nullité et de tous dépens, dommages et intérêts; et que le jugement à intervenir à cet égard sera exécuté par provision, nonobstant appel ou opposition; se voir en outre, les contestants, condamner aux dépens. Et j'ai, à chacun des dénommés ci-dessus, en son domicile, et parlant ainsi qu'il est dit, laissé copie certifiée sincère et véritable par Me . . . . . , avoué du requérant, de l'acte du dépôt ci-énoncé, et du présent exploit, dont le coût est de . . . .

(*Signature de l'huissier.*)

XXXV.

REQUÊTE POUR SE FAIRE AUTORISER A TRAITER A FORFAIT DES DROITS ET ACTIONS DONT LE RECOUVREMENT N'A PAS ÉTÉ OPÉRÉ.

A Messieurs les président et juges du tribunal de . . . . .

Les sieurs . . . . . . , syndics nommés à la faillite du sieur . . . .

Ont l'honneur d'exposer qu'il importe aux intérêts des créanciers dudit . . . . , de pouvoir traiter à forfait et aliéner les droits et actions dont le recouvrement n'a pu être opéré, et consistant en (*énoncer les divers droits et actions*).

C'est pourquoi ils concluent à ce qu'il vous plaise, messieurs, leur donner ladite autorisation.

A . . . , le

(*Signatures des syndics.*)

XXXVI.

SURENCHÈRE DE LA PART DES CRÉANCIERS, EN CAS D'ADJUDICATION DES IMMEUBLES DU FAILLI.

Aujourd'hui, ... , est comparu au greffe du tribunal de première instance de . . . . , le sieur . . . , demeurant à . . . , créancier sérieux et légitime du sieur . . . , failli, assisté de Me . . . , son avoué, lequel après avoir pris communication de l'enchère qui précède, des publications et adjudications que ledit jugement renferme également, a déclaré qu'il offre de se rendre adjudicataire des biens désignés auxdits enchères et jugement, aux charges, clauses et conditions qui s'y trouvent énoncées, moyennant le prix de . . . , principal de ladite vente, et en outre la somme de . . . . , formant le dixième dudit prix principal :

A l'effet de quoi il requiert que ladite enchère soit de nouveau publiée, et qu'il soit procédé à une nouvelle adjudication dans les formes voulues. Ledit sieur . . . . a requis acte, que nous lui avons accordé, de la présente surenchère, qu'il a signé avec ledit Me . . . . , son avoué, et nous.

(*Signatures.*)

XXXVII.

DEMANDE EN REVENDICATION.

L'an . . . , le . . . , à la requête du sieur . . . . . . , demeurant à . . . . , rue . . . .

J'ai, . . . , huissier soussigné, donné assignation au sieur . . . , négociant . . . ,
à comparaître le . . . , devant le tribunal de commerce de . . . , pour voir ordonner
qu'attendu la faillite du sieur . . . .

il sera restitué au requérant (*désigner la marchandise qui fait l'objet de la revendication et le motif qui donne le droit de la demande*) . . . . et j'ai . . .

(*Signature de l'huissier.*) (1)

XXXVIII.

DEMANDE EN RÉHABILITATION.

A Messieurs les président et juges composant la cour royale de . . . .

Le sieur . . . . . , demeurant à . . . .

A l'honneur d'exposer qu'en l'année . . . , il se trouvait à la tête d'un établissement de . . . . . De nombreuses pertes l'ont placé dans la nécessité d'arrêter ses paiements et de déclarer sa faillite.

Il a rempli avec exactitude toutes les prescriptions de la loi. L'examen de ses livres a démontré qu'il ne fallait pas imputer à son inconduite ou même à sa négligence le malheur qui lui était arrivé.

Par un concordat à la date du . . . . , enregistré le . . . . , ses créanciers out bien voulu lui accorder un terme de . . . . , pour leur payer . . . . pour cent.

Ayant repris ses opérations de commerce, le sieur

(1) D'après l'ordre des matières, nous aurions dû placer ici une formule de plainte en banqueroute simple ou frauduleuse ; mais nous avons cru que ces plaintes diffèrent essentiellement selon la nature des faits quelles doivent porter à la connaissauce de la justice, et il nous aurait semblé puéril d'embrasser une à une toutes les hypothèses dont la loi s'occupe. Leur rédaction d'ailleurs est d'ordinaire confiée aux conseils des parties qui, par profession, ne sauraient être embarrassés quant à la forme qu'il faut leur donner. Les intéressés n'oublieront pas que les cas prévus par la loi peuvent déterminer une plainte au procureur du roi ou une poursuite par citation directe.

. . . . . , a été assez heureux, à force de travail et d'activité, pour acquitter non-seulement les engagements pris par lui, mais encore la totalité des sommes qu'il devait à l'époque de l'ouverture de sa faillite, ainsi que tous les intérêts et frais et il le prouve par les pièces qu'il produit à l'appui de sa requête ;

En conséquence, il plaise à la cour, vu lesdites pièces, admettre la présente demande, y faire droit, déclarer que le sieur . . . . est rehabilité et réintégré dans la plénitude de ses droits, etc.

(*Signature de l'exposant.*)

XXXIX.

OPPOSITION A LA RÉHABILITATION.

Aujourd'hui, ... , au greffe est comparu le sieur . . . . , demeurant à . . . .

Lequel a dit être créancier sérieux et légitime du sieur . . . . . . , en vertu d'un titre (*en expliquer la nature*).

Que depuis la faillite dudit, le comparant (*expliquer comment le failli a contrevenu à ses engagements, ou n'a pas rempli toutes les conditions imposées par la loi*)
qu'ayant appris que le sieur . . . . . a formé devant la cour royale de . . . . , sa demande en réhabilitation, il déclare s'y opposer formellement,
de laquelle opposition il demande acte, ce qui lui est accordé, requérant en outre qu'expédition soit envoyée à qui de droit sous toutes réserves et protestations pour qu'il soit procédé conformément à la loi.

Et a signé avec nous après lecture.

Fait à . . . .

BIBLIOGRAPHIE.

Le Parfait négociant, par Savary, t. I et II. — Ouvrage pratique qui, quoique rédigé sous l'ancienne jurisprudence, ne contient pas moins tous les principes sur lesquels ont été formulées les nouvelles lois.

Les Commentaires de Jousse et de Bernier sur le titre II de l'ordonnance de 1673. — Excellents documents, qui méritent la haute renommée dont ils jouissent depuis plus d'un siècle.

Répertoire et Questions de droit, de M. Merlin, aux mots *atermoiement*, *faillite*, *banqueroute* et *revendication*. — Tout a été dit sur le mérite de ce savant jurisconsulte qui approfondit tout ce qu'il traite, et qui, s'il n'est pas toujours complet, est toujours riche de lumières et d'expérience.

Traité des faillites, par M. Lavaux, avocat. Paris, 1813. In-12.

Nouveau répertoire de Favard de Langlade, aux mots *faillite* et *banqueroute*. — Ce recueil laisse beaucoup à désirer sous le rapport de l'exactitude.

Esprit du Code de commerce, par Locré; t. V, VI et VII. — Ouvrage riche de faits, mais mal rédigé.

Cours de droit commercial, de M. Pardessus. —

M. Pardessus sera long-temps encore le plus savant et le plus habile interprète des lois commerciales.

Législation commerciale de M. Vincens. — Ouvrage qui a vieilli.

Traité des faillites et banqueroutes, par M. Boulay-Paty. — On trouve dans ce livre d'excellentes idées et de bonnes dissertations ; mais le style en est diffus, et le plan manque de méthode.

Traité de la législation criminelle, par Legraverend. — Ouvrage aujourd'hui arriéré.

Commentaire du Code pénal, par Carnot. — Ce livre est celui d'un philanthrope, plutôt que d'un jurisconsulte.

Théorie du Code pénal, par Chauveau et Hélie. — Ouvrage consciencieusement fait, et où les idées élevées n'excluent pas les idées pratiques.

Traité analytique des faillites et banqueroutes, d'après la nouvelle loi, par Lainné. — Ce livre est d'un praticien.

Recueil alphabétique, de Dalloz, au mot *faillite*. — Ce recueil, malgré ses imperfections, mérite tous les éloges qu'on en a faits.

Dictionnaire général, de M. A. Dalloz, au mot *faillite*. — On trouve là un résumé de la matière fait avec tout le soin que ce laborieux jurisconsulte apporte à ses nombreuses productions. M. A. Dalloz peut être considéré comme ayant rendu populaire la science du droit.

Dictionnaire du contentieux commercial, par Devilleneuve et Massé, au mot *faillite*. — Ce livre est au-dessous du mérite de son auteur principal; mais il contient d'excellentes choses, dans un ordre peu satisfaisant.

Répertoire du notariat, par M. le conseiller Rolland de Villargues, au mot *faillite*. — On ne peut rien ajouter à la réputation de cet ouvrage que M. Toullier considérait comme l'une des meilleures compilations judiciaires de notre époque, et comme un service éminent rendu à la science du droit. Le mot *faillite* a été traité, dans la seconde édition de cet ouvrage, avec un soin remarquable.

Dictionnaire du notariat, au mot *faillite*. — Ce recueil, essentiellement élémentaire et pratique jouit d'une juste renommée.

Dictionnaire de procédure, de Bioche et Goujet, au mot *faillite* et *banqueroute*. — Les auteurs de ce Dictionnaire ont rassemblé dans un cadre étroit les notions les plus précises et les plus utiles.

Analyse raisonnée du Code de commerce, par MM. de Montgalvy et Germain, avocats. Paris, 1824, 2 vol. in-4°.

Dictionnaire du commerce, 2 vol. in-4°. Paris, chez Guillaumin.— Excellent article de M. Pance, ancien agréé.

Examen comparatif et critique du livre III du Code de commerce, et du nouveau projet de loi sur les faillites et banqueroutes, par T. Bravard-Veyrières, professeur de droit commercial à la Faculté de Paris. Paris, 1836; Videcocq-Joubert, un demi-vol. — Ce travail remarquable d'un professeur qui unit à une science mûrie par la réflexion des tendances progressives et une ferveur novatrice auxquelles nous devons plus d'une œuvre recommandable à tous égards, est aujourd'hui fort rare. On peut lui attribuer une grande partie des corrections heureuses que la discussion des deux chambres fit au projet primitif. Nous en conseillons la lecture à tous ceux qui veulent approfondir la matière.

Manuel de droit commercial, par Bravard-Veyrières, professeur de droit à la Faculté de Paris. Paris, Joubert, 1838, un vol. in-8 (voir la troisième livraison). — La troisième livraison de cet ouvrage contient un commentaire excellent de la loi de 1838. Sous une forme élémentaire, elle résume parfaitement les principes généraux qui régissent la matière et enseigne à l'élève le véritable esprit sous lequel elle doit être envisagée. Nous ne dissimulerons nullement toutes les obligations que notre Code des faillites, notamment dans sa partie consacrée aux formules, doit à ce traité, dont tous les étudiants en droit ont depuis long-temps reconnu le mérite.

TABLE.

Avant-propos. Page 5
Introduction. 13
Exposé des motifs. 23
Dernier exposé des motifs. 24
Rapport de la commission. 29
Loi des faillites et banqueroutes. 44
Dispositions générales. *Ib.*
Chap. Ier. De la déclaration de faillite, et de ses effets. 48
Chap II. De la nomination du juge-commissaire. 69
Chap. III. De l'apposition des scellés et des premières dispositions à l'égard du failli. 71
Chap. IV. De la nomination et du remplacement des syndics provisoires. 75
Chap. V. Des fonctions des syndics. 79
Section II. De la levée des scellés et de l'inventaire. 85
Section III. De la vente des marchandises et meubles, et des recouvrements. 87
Section IV. Actes conservatoires. 90
Section V. Vérification des créances. *Ib.*
Chap. VI. Du concordat et de l'union. 96
Section I. Convocation et assemblée des créanciers. *Ib.*
Section II. Du concordat. 98
Section III. De la clôture en cas d'insuffisance de l'actif. 109
Section IV. De l'union des créanciers. 110
Chap. VII. Des différentes espèces de créanciers et de leurs droits. 116

Section I. Des coobligés et cautions. 116
Sectton II. Créanciers nantis de gages et privilégiés. 118
Section III. Créanciers hypothécaires. 120
Section IV. Droits des femmes. 121
Chap. VIII. De la répartition entre les créanciers et de la liquidation du mobilier. 125
Chap. IX. De la vente des immeubles du failli. 126
Chap. X. De la revendication. 127
Chap. XI. Des voies de recours contre les jugements rendus en matières de faillite. 13
Titre II.— Chap. I. De la banqueroute simple. 13
Chap. II. De la banqueroute frauduleuse. 138
Chap. III. Des crimes et délits commis dans les faillites par d'autres que par les faillis. 139
Chap. IV. De l'administration des biens. 142
Titre III. De la réhabilitation. 143
Circulaire du ministre de la justice en exécution de la loi sur les faillites et banqueroutes. 146
Formules. Modèle 1. 158
— Modèle 2. 159
— Modèle 3. 160

FORMULES.

I. Déclaration de faillite. 161
II. Déclaration de faillite d'une société. 162
III. Assignation afin de faire déclarer la faillite. *Ib.*
IV. Bilan. 163
V. Jugement qui ordonne la mise en liberté sous caution. 165
VI. Réception de la caution. 166
VII. Sauf-conduit. *Ib.*
VIII. Noms des syndics provisoires. 167
IX. Procès-verbal d'acceptation. *Ib.*
X. Acte de convocation. 168
XI. Procès-verbal de reddition de comptes. *Ib.*
XII. Réquisition au juge de paix. 169
XIII. Ordonnance de versement à la caisse d'amortissement. 170

XIV. Procès-verbal de vérification. 171
XV. Acte d'affirmation. 172
XVI. Admission d'une créance. 173
XVII. Rejet. *Ib.*
XVIII. Jugement qui déclare non compris dans la répartition les créanciers en demeure. 174
XIX. Acte d'opposition des créanciers non comparants à la vérification. *Ib.*
XX. Jugement sur l'opposition. 175
XXI. Procès-verbal de l'assemblée. 177
XXII. Ordonnance du juge-commissaire pour remettre à huitaine faute de trois quarts en somme. 179
XXIII. Concordat. 180
XXIV. Acte d'opposition. 181
XXV. Annulation du concordat. 182
XXVI. Rejet. 183
XXVII. Jugement d'homologation. 184
XXVIII. Jugement de sursis. 185
XXIX. Signification du jugement d'homologation. 186
XXX. Excusabilité. *Ib.*
XXXI. Inexcusabilité. 187
XXXII. Demande de secours. *Ib.*
XXXIII. Cession volontaire. 188
XXXIV. Demande en cession. 189
XXXV. Requête pour se faire autoriser à traiter à forfait des droits et actions dont le recouvrement n'a pas été opéré. 190
XXXVI. Surenchère des créanciers en cas d'adjudication des immeubles du failli. 191
XXXVII. Demande en revendication. 192
XXXVIII Demande en réhabilitation. *Ib.*
XXXIX. Opposition. 193
Bibliographie. 194

FIN.

www.ingramcontent.com/pod-product-compliance
Ingram Content Group UK Ltd.
Pitfield, Milton Keynes, MK11 3LW, UK
UKHW021125220726
13924UKWH00004B/1915

9 782019 234034